Réveillez vos ressources intérieures

DES MÊMES AUTEURS

S'ouvrir à son cœur d'enfant – Pour naître à soi
Le Seuil, 2005.

Marie-France et Emmanuel
Ballet de Coquereaumont

Réveillez vos ressources intérieures

Pour faire face aux aléas de la vie

Albin Michel

Ouvrage publié
sous la direction de Laure Paoli et Catherine Maillard

Sommaire

À ces petits « oui d'amour »
qui réjouissent notre enfant intérieur.

Il existe pour l'homme une possibilité de transcender le Monde – spatialement, en allant « vers le haut », et temporellement, en allant « à rebours », « à reculons ». En transcendant ce monde-ci, on réintègre une situation primordiale : l'état plénier du commencement du Monde, la perfection du « premier instant », alors que rien n'était « souillé », rien n'était « usé », parce que le Monde venait à peine de naître.

Mircea Eliade

Il faut qu'en nous reste toujours un être humain enfant.

Françoise Dolto

Grand est celui qui n'a pas perdu son cœur d'enfant.

Meng-Tsen

Prologue :

De l'enfant en soi…

« On refoule l'Enfant comme on respire. »

Nicolas Abraham

Arthur Schopenhauer, philosophe allemand du XIXe siècle, affirmait : « Tout enfant est en quelque façon un génie, et tout génie un enfant. » Adultes, nous vivons, sans parfois oser l'admettre, une histoire d'amour avec l'enfance. Des mythes, des contes et de nombreuses œuvres littéraires ou cinématographiques font vibrer cet étrange lien entre l'adulte et l'enfant qui demeure en lui. Pourtant, le refoulement de l'enfant en soi est aussi puissant que l'attraction qu'il exerce, ainsi l'image de l'enfant est une représentation archétypale en grande partie inconsciente.

Les expériences de l'enfance demeurent présentes en chacun dans toute leur vivacité et leur immédiateté. Elles nous parlent de blessures mais aussi de joies et de forces inaltérables. Trop souvent, nous oublions les souvenirs de notre vie enfantine avec tous ses possibles.

Un jour, une femme demanda : « Pourquoi m'occuper de l'enfant que je ne suis plus ? Je suis adulte. Quel intérêt aurais-je à retourner en arrière ? » Notre enfant intérieur détient la source d'un savoir enfoui, méconnu par l'adulte. Faire revivre cet enfant est une manière de retrouver un état d'être plus authentique, plus aimant et plus créatif que nous avons tous un jour expérimenté. Il est grand temps de réactiver cet état. L'enfant intérieur possède deux dimensions indissociables. Il est à la fois le souvenir de notre enfance, des petits êtres humains que nous étions, et aussi l'archétype de l'enfant, vaste champ de nos potentialités illimitées et promesse d'accomplissement de soi.

Tout cheminement nécessite des jalons comme les cailloux blancs que le Petit Poucet, perdu dans la forêt, sème pour rentrer à la maison. Ainsi, cet ouvrage propose de gravir cinq marches pour accéder à une profonde réconciliation et intégration de son enfant intérieur.

Chaque marche est introduite par une histoire, création littéraire inspirée de légendes, contes ou mythes du monde. Les histoires peuvent nous donner des ailes, nous insuffler un nouvel élan car elles mobilisent cette qualité qu'enfants, nous avions, de percevoir une réalité plus subtile que celle de notre quotidien d'adultes. Françoise Dolto rappelait : « L'enfant évolue comme un poisson dans l'eau dans la mythologie. Il la recrée sans cesse. C'est son langage premier. C'est ce qui investit et peuple son imaginaire. Un rêve éveillé. Un voyage qui le libère des limites de son corps et de la dimension temporelle. Peut-être est-il le médium de la réalité. Il est en prise directe avec une réalité essentielle qu'adultes, nous ne saisissons plus que déformée à travers métaphores et symboles, par un système de conventions[1]. »

Les trois premières marches offrent une exploration libé-

1. Françoise Dolto, *La Cause des enfants*, Le livre de Poche, 1985, p. 204.

ratrice de tout ce qui empêche d'être soi. Les deux dernières invitent à découvrir sa véritable nature pour être le créateur de sa vie. Elles sont ponctuées de re-créations pour éveiller en chacun des forces endormies.

Enfin, chacune de ces marches se termine par une pratique créatrice qui mène à une nouvelle perception de soi et de sa réalité. Ces exercices ludiques et simples guideront le lecteur vers une meilleure relation avec son monde intérieur. Ils le conduiront à façonner sa vie à son image, une image de soi réhabilitée, plus authentique et plus créative.

En ignorant l'enfant en lui, l'adulte se coupe de son génie naturel, c'est-à-dire des forces inventives, audacieuses et poétiques qui sommeillent en lui et l'exhortent au renouveau. En accueillant cet enfant, l'homme crée comme il respire. Cet ouvrage est une invitation à se reconnecter à son enfant intérieur pour réintégrer son propre génie créatif, le noyau instinctuel, émotionnel et spirituel de sa vérité intérieure oubliée.

1.

Les blessures maîtresses de l'enfance
ou comment libérer l'enfant blessé en soi

Chaque adulte peut rassurer et libérer en lui l'enfant blessé qui symbolise les quatre blessures maîtresses subies dans son enfance.

« Le seul recours qui reste à un bébé lorsque son cri n'est pas entendu est le refoulement de sa souffrance, ce qui revient à une mutilation intérieure. »

Alice Miller

Histoire : Celui qui porte l'enfant[1]

Offerus était un géant d'une contrée lointaine dont le corps et les membres grossiers n'arrivaient cependant pas à gâcher un visage aux traits si doux qu'il respirait la bonté. Conscient que la force qu'il tirait de son impressionnante taille pouvait être utilisée à mauvais escient, il se mit à voyager pour rencontrer et servir le plus grand et le plus juste des rois de ce monde.

Sur les conseils soi-disant avisés de ses proches, il arriva tout d'abord à la cour d'un puissant monarque, le roi de Fuie, qui fut enchanté de voir un tel géant lui proposer ses services. Après de longs mois passés à la cour, il fut convié par le roi au

1. Ce récit s'inspire de la légende de saint Christophe telle qu'elle est présentée dans la *Legenda Aurea* de Jacques de Voragine, un texte en latin du XIIIe siècle, très en vogue au Moyen Âge. Voir Jacques de Voragine, *La Légende dorée*, Gallimard, « Bibliothèque de la Pléiade », 2004.

célèbre banquet clôturant la fête des moissons. Offerus, qui n'avait jamais contemplé autant de mets recherchés et fins, fit honneur au buffet jusqu'au moment où le fou et jongleur du roi fit irruption dans la grande salle. Il fut subjugué par ses pirouettes et sa maladresse feinte pour faire rire l'assistance. Mais à chaque fois qu'il laissait tomber une quille au sol, le fou criait : « Par le Chevalier noir » et les rires cessaient pour laisser place à une clameur générale. Le roi lui-même réagit à plusieurs reprises en serrant entre ses mains un étrange pentacle accroché à son cou.

« Pourquoi portez-vous ce pendentif ? demanda Offerus.

– Parce qu'il me protège du mal. Tout homme qui n'a point perdu la raison craint le Chevalier noir », répondit le roi.

Le géant en conclut que le Chevalier noir était plus puissant que le roi et, dès le lendemain, il partit à sa recherche.

Après avoir longtemps cheminé, il croisa une troupe de soldats désabusés revenant de Terre sainte. Il questionna leur chef : « Êtes-vous celui qu'on nomme le Chevalier noir ? »

Celui-ci avoua que c'était bien le cas et convia le géant à lui prêter main-forte pour dénicher de quoi nourrir la soldatesque épuisée. Mais bientôt la troupe se trouva face à une impressionnante statue à la croisée de deux chemins et le chef ordonna de faire marche arrière.

« Pourquoi cela ? répliqua Offerus.

– Parce que je crains l'image du Roi légendaire », rétorqua sèchement le chef.

En pointant le doigt vers la sculpture dont les bras noircis par le temps semblaient protéger la campagne alentour, Offerus déclara : « C'est donc cet homme que je dois servir et nul autre. »

Ainsi il poursuivit seul sa route jusqu'au jour où il tomba sur un vieil ermite vêtu de haillons. Le géant s'impatientait et craignait de ne jamais parvenir au bout de sa quête. Il interrogea le vieillard :

« Savez-vous où se cache le Roi légendaire ?

– Il est en toute chose, dit l'ascète.

– Dans ce cas, comment puis-je le trouver ?

– Ceux qui le craignent ne le trouvent jamais. La puissance ne se révèle pas à celui qui vit sous l'ombre de la peur.

– Si cela est vrai, comment un serviteur robuste et alerte peut-il être à son service ?

– En jeûnant et en priant pour louer sa gloire éternelle.

– J'en suis incapable. Ne pouvez-vous pas m'enseigner une autre manière de lui être agréable ? »

L'ermite sourit et, d'un signe lui enjoignit de le suivre. Ils marchèrent tous deux pendant trois jours dans la forêt et débouchèrent dans un vallon traversé par un impétueux torrent. Le vieil homme lui expliqua que de nombreux pèlerins étaient morts en tentant de traverser à pied ces eaux tumultueuses et il lui promit que le Roi viendrait à lui s'il aidait les voyageurs à franchir ce cours d'eau sauvage. Dès lors Offerus accomplit ce charitable travail avec ardeur pendant plus d'une année.

Puis vint une nuit où une petite voix d'enfant rompit son sommeil. Le géant se redressa et scruta l'obscurité à la recherche de celui qui l'appelait, mais il n'y avait personne. La nuit suivante, il entendit de nouveau cet appel qui semblait émaner à la fois de nulle part et de toute part. La voix se faisait plus pressante et moins lointaine. La troisième nuit, Offerus sursauta quand il sentit une petite main frôler son visage. Un petit enfant fragile se tenait debout devant sa couche, scrutant l'autre rive. Sans poser de questions, le géant se saisit de lui pour le placer sur ses épaules et entra dans l'eau glacée du torrent dont les flots enflèrent brutalement. Alors que l'enfant pesait de plus en plus et devenait un véritable fardeau, il fut pris de panique. Craignant de se noyer et de périr avec l'enfant, il lui demanda : « Enfant, pourquoi te fais-tu si lourd ? J'ai l'impression de porter le monde. Je n'y arriverai pas et nous allons mourir tous les deux. »

L'enfant lui rétorqua d'une voix puissante : « Celui qui porte l'enfant porte l'histoire du monde. Mais ne crains rien car je suis aussi l'aîné du monde, celui qu'on nomme le Roi légendaire. »

Offerus, pourtant à bout de forces, sentit une fabuleuse vigueur l'envahir et il parvint à rejoindre la berge. L'enfant disparut soudainement mais, dans son cœur, le géant comprit que cet enfant qu'il avait ressenti comme un mortel fardeau cachait un cadeau, le plus beau des trésors.

Un cheminement intérieur

Il est souvent plus aisé pour parler de la condition humaine d'avoir recours aux anciennes légendes dont le symbolisme dévoile ce que la conscience s'obstine parfois à ne pas vouloir admettre. L'image légendaire du géant Offerus, dont le nom christianisé est saint Christophe, est celle d'un héros en quête de vérité et d'authenticité ; il veut servir le plus grand et le plus juste des maîtres et entreprend ainsi un long périple pour le rencontrer.

Ce récit invite chacun à un cheminement intérieur pour apprendre à distinguer le vrai du faux. Le géant croit en de multiples occasions trouver ce qu'il cherche mais il est à chaque fois déçu ; le roi de Fuie craint le Chevalier noir, le chef des soldats qui se fait passer pour lui a peur du Roi légendaire qui, lui-même, semble inatteignable. Seul l'ermite, en l'invitant à jeûner et à prier, le guide vers l'introspection. Suite à l'incapacité d'Offerus de suivre ses premiers conseils, il lui propose alors d'aider les pèlerins à traverser un dangereux torrent. La quête du géant Offerus représente nos propres errances à la recherche de notre vérité intérieure et les multiples chemins qui peuvent être empruntés. Elle pose aussi une question centrale : comment utiliser à bon escient notre force ou à qui, à quoi devons-nous obéir ?

Renouer avec soi

Offerus est une nuit réveillé par la voix d'un enfant qui lui demande implicitement de lui faire traverser la rivière pour rejoindre l'autre rive. L'enfant, personnage clef de cette légende, revêt plusieurs caractéristiques importantes. Tout d'abord, il s'agit ici d'un enfant intériorisé. Offerus entend une petite voix d'enfant alors qu'il n'y a personne autour de lui. L'adulte nie souvent que l'enfant qu'il a été continue d'exister en lui ; sa présence est oubliée. Cette parabole nous incite à renouer avec cette partie de nous-mêmes, à écouter cet enfant intérieur. Ensuite, l'enfant que porte le géant devient un poids, un pesant fardeau. En effet, nous portons tous, comme nos aïeux avant nous, des blessures de l'enfance qui pèsent plus ou moins sur nos vies. Enfin, cet enfant possède un autre visage : il est le Roi légendaire. Il reflète en nous l'existence d'un noyau sacré, plus élevé et plus pur que notre simple personnalité, nous permettant de surmonter les épreuves.

Dans ce récit, Offerus obéit à l'enfant et s'enfonce dans l'eau sombre. La traversée des eaux est une image symbolique très ancienne[1] qui exprime un changement d'état du bas vers le haut, une élévation spirituelle. Le géant et l'enfant risquent de mourir dans les flots qui se déchaînent soudainement. L'élévation spirituelle est donc une épreuve difficile. La référence à la mort doit être comprise non comme le risque d'une fin terrestre, mais comme le symbole d'une transition, d'une nouvelle naissance qui met fin à un état ancien. Cette traversée des eaux est une belle métaphore. Retourner vers notre enfance pour transformer nos souffrances anciennes nous libère du poids de notre passé.

---

1. On la retrouve, entre autres, dans la mythologie grecque avec la traversée du fleuve des Enfers, l'Achéron, à bord de la barque du passeur Charon.

Une promesse d'accomplissement

N'importe quel chemin de souffrances peut devenir une promesse d'accomplissement. Chacun d'entre nous est un géant qui porte secrètement un enfant et peut choisir à chaque instant d'écouter cet enfant et de traverser la rivière. Les mots du poète William Wordsworth, « L'enfant est le père de l'homme [1] », évoquent l'importance de l'enfance, clef de voûte de notre construction d'adulte pour le meilleur et pour le pire. La période de l'enfance tient une place primordiale au cœur de l'expérience humaine ; c'est pourquoi elle apparaît comme le point de départ de toute démarche qui vise à retrouver sa véritable nature. Aucun adulte ne peut faire l'économie de la quête de l'enfant qu'il a été, s'il veut réellement se libérer de sa souffrance et exprimer ce qu'il est profondément, son véritable moi. C'est faire croître le bonheur dont Freud disait qu'il est un rêve d'enfant réalisé dans l'âge adulte. C'est aussi la seule façon de mettre au jour sa propre histoire, c'est-à-dire sa propre vérité.

1. William Wordsworth, extraits du poème *L'Arc-en-ciel* (*The Rainbow*).

Le creuset de la petite enfance

Souffrance et génie de l'enfance

L'enfance est un creuset où de multiples éléments se fondent et d'où émerge peu à peu l'adulte. Certaines expériences douloureuses éloignent l'enfant de sa véritable nature et l'obligent à s'adapter à un environnement plus ou moins mortifiant, c'est-à-dire un milieu qui tend à étouffer son élan vital et sa créativité. Cet enfant adapté se voit contraint de renier sa sagesse et sa compréhension intuitive de la vie. L'enfant est une personne à part entière qui, à sa manière, dispose d'une pleine intelligence des choses alors que le discours habituel sur l'enfant met davantage l'accent sur son immaturité plutôt que sur son génie naturel[1].

Chacun peut être le témoin ébahi de cette surprenante intelligence et spontanéité des enfants. C'est le cas d'Évelyne, trente-cinq ans, qui parle à son amie de son compagnon. Celui-ci souffre d'alcoolisme et, quand il a bu, devient jaloux et violent. Enfermée dans les méandres de sa relation destructrice, elle clame haut et fort qu'elle aime cet homme. Sa fillette de huit ans, qui joue à ses côtés et semble ne pas écouter la conversation, l'interrompt soudain pour dire avec la force de l'évidence : « Maman, ce n'est pas un homme bien et il ne t'aime pas, sinon il ne se conduirait pas comme ça avec toi. » Cette petite fille savait déjà à sa

1. Françoise Dolto, *La Cause des enfants*, *op. cit.*, p. 203.

manière distinguer la codépendance de l'amour authentique. Le propre témoignage de Françoise Dolto est aussi très éloquent. À huit ans, un adulte lui demande :

« Et toi, Françoise, que veux-tu faire plus tard ?

– Médecin d'éducation.

– Qu'est-ce que cela veut dire ?

– Ça veut dire un médecin qui sait que les enfants peuvent être malades pour des choses de l'éducation [1]. »

Si l'enfant possède un génie naturel, il n'a pas véritablement les moyens d'affirmer ce qu'il est et ce qu'il ressent face à ses parents. À sa naissance, le bébé humain est l'un des mammifères les plus dépendants de ses parents ; il a totalement besoin d'eux et meurt s'ils ne s'occupent pas de lui [2]. Avec le temps, il apprend par nécessité à refouler sa souffrance, à ne plus exprimer spontanément ce qu'il ressent, à oublier son génie et, avec lui, une partie de son potentiel et de ses capacités propres. Nombre d'entre nous dépensent une énergie phénoménale pour refouler ou idéaliser une grande partie de notre expérience d'enfants pour éviter de faire face aux blessures subies. Cette habitude devient un système de survie, un faux moi, mis en place dès le plus jeune âge pour pouvoir supporter certains aspects de la réalité.

1. *Id.*, p. 229-230.
2. *Id.*, p. 177.

L'image de l'enfant en soi

Seule la confrontation avec son histoire, aussi douloureuse soit-elle, permet d'ouvrir les yeux sur l'enfant tel qu'il continue d'exister en soi[1]. Il est indispensable de redonner la parole à cet enfant qui est comme enfermé dans une malle au fond d'un grenier intérieur mais dont la mémoire demeure intacte.

Chaque être se construit dès sa vie intra-utérine en accumulant des blessures dont la majeure partie demeure des données invisibles enregistrées en lui sous forme d'images. Chaque image, reflet d'un événement marquant, est vivante, c'est-à-dire chargée d'émotions et de sensations (impressions kinesthésiques, goûts, sons, odeurs...) ; on peut la comparer à une photographie animée. Un excellent moyen pour avoir accès à ces images qui révèlent un monde insoupçonné par notre conscience est d'employer la métaphore de l'enfant intérieur[2]. En parlant à travers l'adulte à l'enfant qu'il a été, on fait renaître (comme le photographe révèle sa photographie dans une chambre noire) un passé vivant qui semble avoir été figé dans le temps. À chaque fois qu'un être contacte son enfant intérieur, il retrouve des situations et des émotions intactes refoulées depuis longtemps. Cet enfant intérieur est intemporel. Il échappe à notre construc-

1. Voir Alice Miller, *La connaissance interdite – Affronter les blessures de l'enfance dans la thérapie*, Aubier, 1997, p. 47.

2. Voir pour plus de détails, notre précédent ouvrage, *S'ouvrir à son cœur d'enfant – Pour naître à soi*, Le Seuil, 2005, p. 179-185.

tion d'adulte pour demeurer tel qu'il a toujours été : un enfant avec ses joies et ses peines, ses richesses et ses blessures. L'enfant intérieur est la mémoire vivante de notre enfance ; il est aussi le gardien de notre vérité intérieure.

Aurélie, à la recherche de sa vérité intérieure

Aurélie, trente-sept ans, dernière d'une famille de sept enfants, est angoissée sans en connaître la raison. Elle ressent une boule très douloureuse dans la gorge et elle a la sensation d'étouffer. À l'instar de certains d'entre nous, Aurélie semble ignorer la vérité de son enfance.

Au fil du travail thérapeutique sur son enfant intérieur, elle revit un premier souvenir marquant :

> *J'ai quatre ans. Avant le repas du soir, maman m'a couchée dans son grand lit avec un biberon pour pouvoir préparer le dîner tranquillement. Je suis seule. J'entends au loin le brouhaha de mes frères et sœurs dans l'appartement. Et là je me dis calmement : « Maman a plein de choses à faire ; elle ne peut pas s'occuper de moi. Il va donc falloir que je m'occupe de moi toute seule. »*

Aurélie parle sans émotion comme un témoin distant. Elle ne parvient pas encore à ressentir la tristesse de cette petite fille de quatre ans qui constate de manière détachée que sa mère n'a pas le temps de s'occuper d'elle. Elle reconnaît qu'elle a été obligée de grandir vite et qu'elle ne réagissait pas comme une enfant de quatre ans. Un autre jour, elle se rappelle un événement capital :

J'ai douze ans. Comme l'appartement est trop petit, je n'ai pas de chambre et je dors dans la salle à manger. Un soir, il est environ 21 h 30, je commence à m'endormir lorsque mon grand frère Claude, de neuf ans mon aîné, fait irruption dans la pièce, allume la lumière et s'installe pour manger. Furieuse, je vais me plaindre à ma mère qui m'assène cette phrase : « Puisque tu fais des histoires comme ça, je ne m'occuperai plus de toi. »

Aurélie pleure à gros sanglots et murmure :

Je me sens totalement rejetée et abandonnée. J'ai très peur que maman ne m'aime plus.

Pour la première fois, Aurélie, bouleversée, contacte l'émotion de son enfant intérieur blessé et insécurisé. Elle s'autorise à exprimer une souffrance longtemps refoulée. Et pour la première fois aussi, elle reconnaît que sa mère a été dure et injuste avec elle. Elle avait toujours pris soin de couvrir sa mère en mettant en avant des arguments tels que « Ma mère devait s'occuper d'une famille nombreuse, ce qui était très difficile » ou « Ma mère faisait de son mieux ».

Mais Aurélie a toujours la gorge nouée. Elle décide d'aller plus profondément dans la découverte de sa vérité et ose prendre le parti de son enfant intérieur en reconnaissant les torts de sa mère. Elle ressent qu'elle a été manipulée par sa mère qui, incapable de la défendre, préférait user de toutes sortes de chantages pour la faire taire, allant même parfois jusqu'à acheter son silence avec des cadeaux. Elle prend conscience qu'elle a été muselée durant toute son enfance. Elle manifeste beaucoup de chagrin et de colère contre sa mère, des sentiments qu'elle ne pouvait que taire enfant pour ne pas risquer de ne plus être aimée par sa mère. Ses angoisses et sa boule dans la gorge disparaissent peu à peu. Elle se sent rassurée et s'exprime de plus en plus librement.

Le cheminement vers l'enfant meurtri qui se cache en soi permet de libérer une souffrance longtemps refoulée et d'en mesurer toutes les implications dans sa vie d'adulte. Oser se confronter à ses blessures d'enfance et oser voir ses parents tels qu'ils sont est un premier pas pour devenir plus adulte, plus authentique et plus responsable de son existence.

Quoi que nous ayons vécu, il est toujours possible de rompre les chaînes du passé. Il n'est jamais trop tard pour choisir de se réconcilier avec cette part essentielle d'enfance qui réside en soi. Pour ce faire, regardons en face ce qui a été source de souffrances pour enfin commencer à cheminer vers une libération.

Chaque enfant a été confronté à quatre blessures maîtresses qui constituent des éléments de la mémoire vivante de l'enfance et caractérisent l'enfant intérieur blessé qui n'attend qu'une chose : que l'adulte le prenne enfin dans ses bras pour le rassurer et le guérir.

Première blessure : le manque d'amour

La blessure originelle

Chaque adulte révèle à son insu les blessures de son enfance, blessures qui ont généré une recherche illusoire. Le manque d'amour, qui constitue la première blessure, sans aucun doute la plus essentielle et la plus universelle, mystifie rapidement notre vision de la vie et de l'amour.

Dès sa naissance, chaque enfant commence sa quête affective. Son besoin d'amour est vital ; c'est à travers l'amour de ses parents qu'il existe et il est prêt à tout pour être aimé d'eux, tout particulièrement de sa mère avec qui il est en fusion. L'enfant ne peut pas vivre sans cet amour maternel[1]. La survie du bébé humain dépend entièrement des soins que sa mère lui prodigue pendant une longue période. Pour autant, le nourrisson dépendant et fragile n'est pas un être incomplet. Il possède un moi primaire qui reconnaît ses besoins, ses désirs, ses souffrances et ses plaisirs[2]. C'est aussi un enfant « dont la mémoire se souvient qu'elle descend des étoiles[3] ». Il est par nature pur et

1. Alice Miller, *La Connaissance interdite, op. cit.*, p. 38.

2. Le moi primaire du bébé se développe très rapidement et gagne en intensité dès l'âge de deux ans.

3. Mots du poète belge Werner Lambersy extraits d'*Architecture nuit*, Phi Éditions, 1992.

innocent. Le petit enfant reste relié à son essence et à ses besoins essentiels[1].

C'est justement parce que le bébé est un être encore relié que sa demande d'amour dépasse largement ce qu'une mère, en grande partie coupée de son essence spirituelle, peut lui offrir. La plupart des enfants ne reçoivent qu'une forme altérée d'amour de leurs parents, aussi bienveillants soient-ils. En grandissant, l'enfant ne reçoit pas exactement ce dont il a besoin, c'est-à-dire un amour authentique, et il perçoit cela comme un manque d'amour.

La blessure du manque d'amour est une blessure originelle, une fêlure narcissique, une caractéristique centrale de tout être humain qui ne se sent jamais assez comblé, ni profondément digne d'amour. Cette blessure est la base d'une revendication profonde et incessante de tout adulte qui recherche l'amour de ses parents et qui espère secrètement que ceux-ci pourront enfin lui donner ce qui lui a tant manqué. Cette revendication peut entraîner un attachement pathogène aux parents ou à un substitut parental et nourrir l'illusion que l'on peut (ou que l'on pourra un jour) recevoir d'eux ce qu'ils n'ont pas pu offrir jusque-là.

---

1. Sur ce point, voir *S'ouvrir à son cœur d'enfant*, *op. cit.*, p. 29-31. On peut aussi se référer à la hiérarchie des besoins fondamentaux d'Abraham Maslow dans *Devenir le meilleur de soi-même*, Eyrolles, 2008, p. 57-67. Ce dernier classe nos besoins essentiels en cinq niveaux : besoins physiologiques, besoins de sécurité, besoins d'appartenance et d'amour, besoin d'estime et besoin d'accomplissement de soi.

Charles ou le cercle vicieux de la revendication

Charles est un homme de quarante ans très malheureux. Il est habité par une profonde et constante révolte. Il en veut à la terre entière. Il explique que sa souffrance est telle que la vie ne mérite pas d'être vécue. Il répète régulièrement les mêmes propos avec beaucoup de colère et de violence :

Quand j'étais enfant, ma mère a oublié une aiguille dans l'un de mes vêtements et, en m'habillant, je me suis blessé près de l'œil. Ma mère, qui préférait mon frère aîné, ne s'est pas occupée de moi, comme d'habitude ! J'ai eu une grave infection et je suis devenu aveugle. Ce n'est qu'après plusieurs semaines que j'ai recouvré la vue…

Et, à chaque fois, il en vient à la même conclusion :

Ma mère a essayé inconsciemment de me tuer car elle ne m'aimait pas. Elle aurait mieux fait de me laisser mourir.

Pourtant, chaque semaine Charles dîne chez sa mère. Il impose à chaque fois que son frère aîné (chez qui sa mère habite) soit absent. Il veut sa mère pour lui tout seul. Il continue à réclamer ce qu'il ressent comme son dû : l'amour de sa mère. Il refuse d'accepter que sa mère n'a pas été capable de l'aimer comme il le désirait. Toute son énergie est focalisée sur cette revendication incessante. Comme il juge que son frère, lui, a reçu de l'amour, il demande réparation pour l'injustice que sa mère lui a fait subir. Mais à chaque fois qu'il ressort de chez elle, il est encore plus en colère et frustré de n'avoir pu obtenir ce qu'il était venu chercher. Il recherche auprès d'elle un amour absolu et inconditionnel mais fantasmé et irréel car impossible. Sa revendication est jusqu'au-boutiste ; il n'accepte pas de vivre sans l'amour de sa mère et « puisqu'elle ne m'a pas tué, elle doit m'aimer » est devenu son leitmotiv.

Pendant plus d'un mois, Charles ne parvient pas à contacter son enfant intérieur. Il ne comprend pas pourquoi jusqu'au jour où, lors d'un rêve éveillé[1], son enfant intérieur lui apparaît enfin, mais Charles refuse alors catégoriquement de s'en approcher. À la fin de ce rêve éveillé, il est perplexe et finit par dire : « Cet enfant avait l'air de vouloir me demander quelque chose mais il n'est pas question que je m'occupe de lui. » Charles ne parvient pas pour le moment à écouter son enfant intérieur. Il lui est encore trop douloureux d'aller dans sa souffrance véritable pour se libérer. Il refuse de devoir répondre lui-même à ses besoins et de faire le deuil de ce qu'il n'a pas reçu.

La constante revendication de Charles est une stratégie adoptée pour l'éloigner de sa vérité intérieure. Son enfant intérieur veut être entendu mais Charles n'est pas encore prêt à se détacher de l'illusion qu'il finira par recevoir l'amour de sa mère, illusion qui paralyse complètement sa vie.

Pour nombre d'adultes, vivre sans l'amour de maman

---

1. Le rêve éveillé utilisé par la méthode « Cœur d'enfant » est une technique de relaxation et de voyage intérieur pour rencontrer son enfant intérieur et recevoir des messages pour guider sa vie. Voir *S'ouvrir à son cœur d'enfant*, *op. cit.*, p. 196-197.

et/ou de papa est insupportable et détermine toute leur vie. Pour ne pas renoncer à cet amour maternel/paternel idéalisé, ils préfèrent ne pas affronter la blessure du manque d'amour. C'est pourtant le seul moyen d'avancer et de commencer à vivre en adulte qui répond à ses propres besoins. D'autres n'hésitent pas à sacrifier une partie de leur vie pour vivre avec leurs parents. Une femme de soixante ans affirmait qu'elle n'avait jamais trouvé d'homme parce qu'il fallait qu'elle s'occupe de sa mère. Cela lui semblait naturel. Une vie au service de maman. Cette femme avait renoncé à avoir sa propre maison, se marier et fonder une famille, ce qui était pourtant son rêve.

Un tabou ancien

Chaque adulte peut, en contactant son enfant intérieur blessé, ressentir le manque d'amour de ses parents. C'est rarement une absence totale d'amour mais plutôt un amour altéré, conditionnel et porteur de nombreuses attentes qui sont autant de chaînes invisibles dont il semble parfois difficile de se libérer. Reconnaître le manque d'amour de ses parents est un tabou ancien qu'il est toujours difficile de lever.

Beaucoup d'adultes sont heurtés à l'idée de reconnaître le manque d'amour qu'ils ont subi car cela reviendrait à regarder en face la vérité de leur enfance et à traverser une souffrance longtemps refoulée. Pourtant, persister dans ce refoulement revient à rester un être coupé et enfermé dans un système de survie qui n'a plus sa raison d'être.

La réaction d'une personne vis-à-vis de son enfant intérieur est toujours révélatrice de la force du refoulement. Certains refusent de le voir et de l'écouter, d'autres le musèlent ou s'emportent contre lui comme si « l'habitude du malheur et la résistance à la souffrance [avaient] emmuré [leurs] cœurs[1] ». D'autres acceptent de le prendre dans leurs bras et de l'aimer. Mais trop souvent, nous reproduisons avec notre enfant intérieur les manques de notre enfance, ce qui revient à ne pas répondre nous-mêmes à nos propres besoins d'amour et d'accomplissement.

Notre désir de rejoindre notre enfant intérieur blessé pour l'aimer se heurte inconsciemment à l'un des fondements de notre société judéo-chrétienne : « Tu honoreras ton père et ta mère. » Alice Miller insiste sur le poids écrasant de ce quatrième commandement de la Bible[2], qui, sous l'apparence d'un précepte moral universel, commande à chacun ce qu'il doit ressentir et la manière dont il doit se conduire s'il ne veut pas être mis au ban de la société. Ce qui est un commandement fondateur et juste pour l'équilibre social peut parfois se transformer en devoir injuste et révoltant si l'on est dans l'obligation d'aimer et de respecter nos parents quoi qu'ils nous fassent. Or il est indispensable et sain de se détacher de nos parents si leurs actes, à notre égard, sont destructeurs et mortifiants. Une loi, aussi bonne soit-elle, ne peut pas régir tous les aspects de la vie. Ce commandement biblique,

1. Catherine Preljocaj, *Le bonheur pour une orange… n'est pas d'être un abricot*, Jouvence, « Poches », 2007, p. 239.

2. Alice Miller, *Notre corps ne ment jamais*, Flammarion, 2005, p. 13.

potentiellement étouffant et culpabilisant, fait partie de notre inconscient collectif. Nous l'avons intégré et nous lui obéissons sans le savoir.

Avec ce commandement, l'enfant est muselé : il ne peut pas remettre en cause ses parents au risque d'être un enfant indigne, d'être rejeté et de perdre ce qui est le plus précieux, leur amour. Ainsi, enfant, chacun a assimilé ce message inconscient : « Je dois aimer mes parents pour ne pas être indigne et ainsi mériter leur amour. » Le droit naturel et sacré d'être aimé pour ce que l'on est est nié. Voilà ce qui nous éloigne de notre enfant intérieur blessé.

Nombre d'adultes se comportent toujours comme de bons et gentils enfants face à leurs parents, les couvrant et cautionnant ainsi leurs déficiences, pour rester dignes d'amour et nourrir l'illusion qu'ils recevront un jour ce qui leur a tant manqué enfants. En agissant ainsi, ils nient leur souffrance et son origine, rejettent leur enfant intérieur blessé et restent aveugles quant aux répercussions du manque d'amour dans leur vie d'adultes.

Les conséquences majeures de cette blessure sont une quête insatiable de nourritures affectives. L'individu qui a manqué d'amour est soit dans une demande excessive d'amour et de reconnaissance, soit il donne trop pour être aimé en retour et sentir qu'il « vaut quelque chose ». Ces comportements très courants sont la preuve d'un manque de reconnaissance de sa propre valeur, c'est-à-dire d'un manque d'amour de soi qui rejaillit dans toutes les relations avec autrui.

Des maux aux mots…

Notre enfant intérieur blessé attend que la souffrance refoulée en nous depuis l'enfance soit enfin reconnue et libérée. En nous mettant au monde, nos parents nous blessent inévitablement (et généralement malgré eux), mais l'amour authentique est au cœur de nos cellules. C'est une force universelle et indestructible qui œuvre bien au-delà des blessures, des souffrances et des faux-semblants. Le principal message de notre enfant intérieur est de nous éveiller à cet amour guérisseur. Mais lorsque nous ignorons sa présence ou que nous craignons de prendre la main de cet enfant, notre corps prend la relève pour nous inciter à cheminer vers la libération de notre être véritable. C'est là qu'interviennent les maux physiques. Ce que nous avons du « mal-à-dire » se transforme en maladie.

Toutes les cellules de notre corps sont comme programmées pour révéler notre vérité intérieure. Comme le souligne Alice Miller, « le corps est le gardien de notre vérité car il porte en lui l'expérience de toute notre vie et veille à nous la rappeler[1] ». Le témoignage de Catherine Preljocaj est sur ce point significatif et rejoint l'expérience de nombreuses personnes touchées par la maladie qui se sont guéries en comprenant le sens de ce qui leur arrivait. Atteinte d'un cancer, elle confie dans son livre son long cheminement vers la guérison en concluant : « C'est le manque d'amour qui m'a tuée à petit feu, depuis ma naissance […] C'est

1. *Id.*, p. 26.

affreux à dire, je n'ai jamais ressenti l'amour de ma mère, je n'ai pas eu confiance en l'avenir, pas une seule fois en mon père [...][1]. »

Les maux physiques sont le langage que notre corps utilise pour dévoiler ce que nous ne parvenons pas à mettre en lumière. La communication de l'adulte avec son enfant intérieur permet de mettre des mots sur ses blessures avant que les maux ne s'installent. Prendre le parti de son enfant intérieur revient toujours à faire le choix de reconnaître sa vérité intérieure et d'exprimer une souffrance légitime. C'est aussi le premier pas pour libérer tout son potentiel créateur.

Mettre au jour la deuxième blessure de l'enfance permet de contrer un peu plus ce qui limite chacun dans la réconciliation avec lui-même.

Deuxième blessure : le rejet

Une blessure limitante

S'il est une souffrance difficilement supportable pour tout être humain, c'est bien celle du rejet. Notre besoin d'amour et de reconnaissance est tel que tout rejet est ressenti comme un coup de poignard. Votre compagne vous quitte pour un autre, votre patron choisit votre collègue pour lui confier des

1. Catherine Preljocaj, *Le bonheur pour une orange...*, *op. cit.*, p. 284.

responsabilités qui vous revenaient, vos enfants remettent en cause le bien-fondé de votre éducation, un projet auquel vous teniez tant s'effondre…, la liste des situations où nous ressentons le rejet est longue. Toutes ont un point commun : elles confortent en nous la croyance que nous ne méritons pas l'amour et la reconnaissance des autres. Chaque rejet nous fait perdre un peu plus confiance en la vie et entrave notre élan. À chaque fois, nous tombons à terre et nous relever devient de plus en plus ardu.

En ne recevant pas exactement ce dont nous avions besoin enfants, nous avons ressenti un manque d'amour et perçu un profond rejet. La deuxième blessure maîtresse de notre existence, celle du rejet, a créé et fortifié la croyance limitante que notre bien-être dépend uniquement du regard des autres. Nous nous sentons rapidement démunis sans le soutien ou l'acceptation d'autrui.

L'origine du rejet

Chaque fois que l'enfant ne se sent ni entendu ni comblé dans son besoin essentiel, il se sent rejeté et en vient à penser que son besoin n'est pas juste puisque sa mère et/ou son père ne le valident pas. Cela ne signifie aucunement qu'il faille satisfaire toutes les demandes d'un enfant. Les enfants ont des besoins essentiels de toute nature : besoin d'appartenance et d'amour, de sécurité, d'estime de soi, de réalisation…, mais leurs demandes ne correspondent pas toujours à ce dont ils ont besoin profondément. N'oublions pas que la frustration peut être une réponse saine à apporter à une demande d'enfant pour assurer son réel besoin. En voici quelques exemples : en interdisant à son fils de jouer avec le feu, un père répond au besoin de sécurité de son enfant ou, en apprenant à sa fille à manger un fruit à quatre heures plutôt que de dévorer plusieurs brioches, une mère s'occupe de ses besoins physiologiques en lui assurant une alimentation saine. Il est indispensable de faire la distinction entre certaines demandes (dont le but pour l'enfant est souvent de tester et de comprendre le cadre où il vit) et un besoin essentiel et profond.

Le rejet trouve son origine directe dans la non-reconnaissance de nos besoins essentiels, le plus souvent dans un cadre éducatif trop laxiste ou trop étouffant. Chaque rejet dans l'enfance a été perçu comme un désaveu parental, un désaveu d'une partie de notre moi profond : nos besoins essentiels qui sont les nourritures indispensables à la réalisation de notre véritable nature.

Corinne et la découverte de l'équité

Corinne est une femme de cinquante ans à l'apparence austère. Lors de sa première journée de thérapie de groupe, elle se comporte avec méfiance. Elle évite le regard des autres en baissant les yeux. Lorsqu'elle est conviée à s'asseoir, elle s'énerve rapidement et lance :

Et pourquoi je m'assiérais ? J'ai le droit de choisir ce que je veux quand même ! Je trouve ça très autoritaire d'ordonner à quelqu'un de s'asseoir.

Comme personne ne réagit, elle finit par se calmer et s'installe, mais elle refuse toujours de soutenir le regard de quiconque. Le cadre du stage est alors expliqué :

Nous sommes tous assis en cercle pour signifier qu'ici chacun a droit à sa juste place. Il n'y a pas de place meilleure qu'une autre. Le cercle est une forme parfaite, sans début ni fin et sans aucun angle. Chacun a ainsi une place à égalité, l'autorisation d'exprimer ce qu'il ressent et un temps de parole équivalent.

L'attitude de Corinne commence à changer. Elle semble rassurée. Elle lève la tête et regarde enfin les autres participants. À son tour de parole, elle explique :

Ma vie est un enfer. Je suis enfermée dans un fonctionnement destructeur qui me pèse de plus en plus. Je n'ai confiance en personne et je suis tout le temps agressive. (Silence.) *Je crois que je rejette les autres avant qu'ils ne me rejettent ; cela me semble moins douloureux.*

Peu à peu, Corinne s'est épanouie et a appris à cultiver des relations sereines avec les autres. Le premier élément déclencheur de sa prise de conscience et de sa transformation a été le sentiment d'équité ressenti dans le groupe. Elle a, pour la première fois, expérimenté une justice naturelle où ce qui est dû à chacun est reconnu, respecté et encouragé. Enfant, la plupart de ses besoins essentiels n'avaient jamais été respectés. Ses parents l'avaient eue très jeunes et, durant toute son enfance, ils n'avaient pas hésité à la confier durant de très longues périodes à ses grands-parents. Corinne s'était toujours sentie rejetée par ses parents et elle avait fini par croire qu'elle ne méritait pas leur amour. Cette croyance avait ensuite dirigé toutes ses relations d'adulte où, pour se protéger de la souffrance du rejet initial de ses parents, elle rejetait les autres.

Re-création : bercer son enfant intérieur

- Fermez les yeux, prenez quelques grandes respirations et imaginez que vous tenez dans vos bras un nourrisson. Il est nu et s'abandonne totalement.
- Regardez ses yeux grands ouverts. De quoi a-t-il besoin ? D'amour, de chaleur, de sécurité.
- Donnez-lui tout ce dont il a besoin, donnez sans compter. Ressentez chacune de vos cellules qui vibre et offre à ce nourrisson les nourritures affectives qu'il attend. Ce petit être est ce qu'il y a de plus précieux en vous. C'est votre trésor. Prenez-en grand soin. Apaisé, il ferme à présent les yeux et s'endort.
- Posez vos mains sur votre ventre et respirez profondément quelques instants avant d'ouvrir les yeux, tout en continuant à sentir physiquement la présence de votre enfant intérieur.

Il est possible que vous soyez très ému par vos retrouvailles. Prenez un temps pour intégrer ce qui vient de se passer en écoutant, par exemple, une belle musique. Laissez-vous envahir par la joie d'être de nouveau en contact avec votre essence.

Notre enfant intérieur blessé, à l'instar de celui de Corinne, a un immense besoin de justice. En reconnaissant sa souffrance causée par le rejet, nous pouvons l'accueillir en nous, l'autoriser à exprimer ce dont il a besoin pour grandir et nous pouvons enfin commencer à l'apprivoiser et à le nourrir tendrement. C'est le meilleur moyen pour nous reconnecter à notre essence et faire face à la troisième blessure maîtresse de notre enfance.

Troisième blessure : la coupure d'avec son essence

La perte du paradis en soi

Nombreux sont celles et ceux qui ressentent, dans un premier temps, une grande tristesse lorsqu'ils commencent à contacter leur enfant intérieur blessé ; ils revivent la mutilation que leur a infligée la nécessaire adaptation à leur environnement. Pour plaire et recevoir de l'amour, l'enfant qu'ils ont été s'est coupé d'une grande partie de ses besoins, de ses rêves et de ses aspirations profondes. Le résultat de ce conditionnement est la perte de contact avec leur source. Ils se sont coupés de leur essence créatrice et ne peuvent plus vivre pleinement.

Tous les jeunes enfants ont en partie accès à leur destinée, c'est-à-dire aux possibilités et aux potentialités qui s'offrent à eux pour créer une vie unique au service de leur accomplissement. Leur moi profond et authentique, en contact avec leur essence supérieure, leur souffle la voie à suivre. Chaque adulte, en contactant son enfant intérieur, réactive le souvenir de ce contact privilégié avec ce qu'il y a de plus vrai et de plus créatif en lui, mais il revit aussi la douloureuse expérience de l'éloignement de soi. Il mesure les conséquences de l'absence de contact avec soi qui laisse à l'âge adulte un sentiment de vide. Hervé se souvient :

> *Jusqu'à l'âge de sept ans, j'étais joyeux, plein de vitalité et d'énergie. Puis nous avons déménagé et j'ai alors eu le sentiment de perdre une part essentielle de moi-même. Je rêvais souvent que des extraterrestres m'enlevaient. Ils me révélaient que je n'appartenais pas à la Terre et que ma véritable maison était ailleurs. J'éprouvais alors un sentiment d'harmonie et de profonde confiance en la vie. Puis, au réveil, je sombrais de nouveau dans la morosité. Cela a duré jusqu'à l'âge de dix-huit ans. J'ai entrepris une thérapie et retrouvé en moi cet enfant joyeux que je croyais perdu à tout jamais. C'était à la fois merveilleux et tellement triste.*

Les retrouvailles de l'adulte avec son enfant intérieur font naître aussi une profonde nostalgie. Nous ressentons, comme l'a si bien écrit John Bradshaw, que « nous sommes toujours des petits enfants divins en exil[1] ». Certaines

1. John Bradshaw, *Retrouver l'enfant en soi*, Montréal, Éditions de l'Homme, 2004, p. 419.

scènes du film de Steven Spielberg *E.T., l'extraterrestre*[1] sont une parfaite illustration de ce sentiment métaphysique.

E.T. l'extraterrestre et son message

Ce film a profondément ému des millions de personnes dans le monde en abordant des thèmes centraux de notre inconscient collectif. Ce film nous parle de la troisième blessure maîtresse de l'enfance et de la reconnexion avec soi. En voici quelques traits majeurs :

Dans le calme d'une nuit parsemée d'étoiles, un engin spatial extraterrestre se cache au cœur d'une forêt de pins aux abords de Los Angeles. Ses occupants explorent prudemment les alentours et récoltent des végétaux. L'un d'eux, E.T., s'éloigne et s'enfonce dans la forêt sans se douter du danger qui les guette tous. Des voitures font irruption et des hommes poursuivent E.T. Les autres extraterrestres ne peuvent bientôt plus l'attendre et s'enfuient. E.T. assiste, impuissant, au décollage du vaisseau spatial. Il reste seul, abandonné, dans un monde hostile et inconnu…

---

1. Steven Spielberg a un véritable don pour évoquer notre enfant intérieur. Nombre de ses films abordent cette thématique. Voir, par exemple, notre analyse de son film *A.I. Intelligence artificielle* dans *S'ouvrir à son cœur d'enfant*, *op. cit.*, p. 210-212. Il est à noter que la sortie du film *E.T., l'extraterrestre* en 1982 coïncide avec l'émergence du concept d'enfant intérieur.

Cette scène symbolise la coupure d'avec notre essence. À l'instar d'E.T., nous pouvons éprouver ce sentiment d'abandon. Nous ne sommes plus reliés à nous-mêmes, à notre moi authentique et nous perdons ce qui est à l'origine de notre élan vital, de notre créativité et de ce qui donne du sens à notre existence. Nous nous sentons plus ou moins ballottés par les événements en ayant l'impression de n'avoir aucune prise sur notre vie.

E.T. est trouvé par un enfant, Elliott, et découvre peu à peu ce nouveau monde. Alors qu'il apprend le langage humain, E.T. veut communiquer à son ami Elliott ainsi qu'à son frère et à sa petite sœur ses intentions. Il lève le doigt vers le ciel et répète plusieurs fois : « E.T. téléphone maison. »

Cette scène, parmi les plus émouvantes, évoque notre origine. Nous sommes des êtres de nature spirituelle qui vivons une expérience matérielle. C'est pourquoi une partie de nous est emplie de nostalgie à l'idée de retrouver son foyer d'origine. Notre mission humaine est de rechercher et de laisser grandir notre véritable moi. L'image de l'enfant est un puissant archétype dans notre psyché collective. Elle symbolise à la fois notre vraie nature en partie abandonnée dans l'enfance, cette innocence et cette pureté des premiers instants, et indique la route à suivre pour renaître à soi.

Alors qu'Elliott et E.T. sont tous les deux à vélo dans la forêt pour rejoindre une installation destinée à envoyer un message dans l'espace, l'impossible survient. Le vélo s'envole dans les airs devant la pleine lune dont la laiteuse lumière laisse deviner leur silhouette.

Ce passage figure la réconciliation avec l'enfant intérieur et la reconnexion avec son essence. Cette alchimie ouvre la porte à tous les possibles. C'est une magnifique image pour décrire combien notre vie peut être créative lorsque c'est notre vrai moi qui tient le « guidon » et inspire notre vie.

Après de multiples péripéties où E.T. et son ami Elliott ont failli perdre la vie, le moment est venu pour E.T. de rentrer chez lui. Il fait ses adieux aux enfants et, devant la tristesse d'Elliott, il lui souffle ces mots : « Je suis toujours là. »

Ne sont-ce pas tout simplement ces mots-là que nous murmure notre enfant intérieur ? Il attend et espère que nous l'entendions enfin après nous être éloignés si longtemps de notre source.

Une blessure spirituelle

Lorsque, enfants, nous nous sommes peu à peu coupés de nous-mêmes, nous avons intégré le message inconscient suivant : « Pour être aimé, je ne dois pas être moi-même. » Cette coupure d'avec notre essence que nous nous sommes imposée inconsciemment revient à une mutilation intérieure. C'est une blessure spirituelle qui nous sépare de notre « je suis » et qui nous fait ressentir une profonde tristesse et de la nostalgie lorsque nous prenons conscience de cette perte du paradis en soi.

Cette blessure spirituelle a acquis une dimension plus blessante encore lorsque, finalement, nous nous sommes sentis trahis par ceux-là mêmes dont nous espérions tant recevoir amour, respect et sécurité.

Quatrième blessure : la trahison

L'ultime blessure

La trahison est l'ultime blessure, le résultat d'une accumulation de blessures qui, depuis le manque d'amour, aboutissent à considérer l'individu non pas comme une personne mais comme un objet. L'enfant que nous étions a été plus ou moins perçu comme un objet destiné à assouvir les manques inconscients de ses parents. C'est aussi le résultat collectif d'une perception limitée et limitante de l'enfant depuis l'aube de l'humanité jusqu'à nos jours.

Tous les parents ont tendance à rêver leur enfant en réponse à leurs propres manques. À sa naissance, chaque enfant est confronté à ce rêve et aux désirs qu'il véhicule[1].

1. Le travail de réconciliation de l'adulte avec l'enfant intérieur est celui du deuil de l'enfant rêvé par les parents, un enfant comblant, pour « sentir se craqueler le rêve qui fut le sien et dont il se défait car il était celui de l'emprunt. En même temps que se défont les fausses

Pour ne pas perdre l'amour de ses parents, l'enfant est alors capable de se conformer à ce qu'on attend de lui et de subir de nombreuses violences sans se révolter.

Pourtant l'enfant se sent trahi à chaque fois qu'on ne le respecte pas en tant que personne. Françoise Dolto insistait sur ce point : « En chaque enfant, on l'ignore trop, naît et se développe le projet intuitif d'être considéré comme une (grande) personne. Aussi attend-il qu'on ait à son égard le comportement et le respect que l'on a vis-à-vis d'un adulte. Il a raison[1]. »

L'altération de la vérité intérieure

La trahison, c'est-à-dire le fait que nous n'ayons pas été pleinement reconnus comme des êtres humains entiers, porte en elle le mensonge sur notre véritable nature. En étant davantage perçu comme objet plutôt que sujet, l'enfant oublie la vérité sur sa nature profonde. Il perd aussi sa capacité à percevoir intuitivement la vérité sur ce qui lui est dit. Cette perception de la réalité, du monde et

---

identifications, qu'elles soient héroïques, masochistes ou grandioses, le narcissisme qui s'en était alimenté chancelle, et c'est le temps fragile de la naissance d'un autre visage de soi-même. Parfois aussi celui d'un éclatement, d'une quête douloureuse où d'autres rêves font surface, où un autre enfant rêve en l'adulte qui se cherche » (Nicole Fabre, « Quel enfant rêve en nous ? », *Études psychothérapiques – Imaginaire et inconscient*, n°14 *L'Enfance rêvée*, Bruxelles, De Boeck Université, 1997, p. 19).

1. Françoise Dolto, *La Cause des enfants*, *op. cit.*, p. 585.

des personnes qui l'entourent est altérée. Il est en quelque sorte aveugle, sourd et muet. La capacité d'agir et le processus d'individuation sont handicapés. Il devient alors un élément au service de la mystification familiale caractérisée par l'altération de la vérité intérieure de chacun.

Karine se remémore :

Mon père était très autoritaire. Je ne me souviens pas d'un seul moment où j'aie eu le sentiment d'être libre. Je lui appartenais, j'étais sa chose. Chaque jour, il écrivait sur un tableau les ordres du jour et, dans ma chambre, il avait placardé sur ma porte les dix commandements à respecter pour être une « bonne » fille.

L'expérience de Karine ressemble à celle de très nombreux enfants victimes d'une « éducation noire [qui] consiste à transmettre dès le départ à l'enfant des informations et des opinions fausses [1] ». Ces dernières, léguées de génération en génération, finissent par paraître naturelles et ne sont que très rarement remises en cause. Dans l'histoire de Karine, on décèle certains principes de la « pédagogie noire » :

« 1. Le sentiment du devoir engendre l'amour.

2. Un sentiment élevé de sa propre valeur est nuisible.

3. Un faible sentiment de sa propre valeur conduit à l'amour de ses semblables.

4. Les marques de tendresse sont nocives.

---

1. Alice Miller, *C'est pour ton bien – Racines de la violence dans l'éducation de l'enfant*, Aubier, 1984, p. 78.

5. La dureté et la froideur sont une bonne préparation à l'existence.

6. Le corps est quelque chose de sale et de dégoûtant.

7. Les parents sont des êtres dénués de pulsions et exempts de toute culpabilité.

8. Les parents ont toujours raison. [...][1] »

Ces principes nous rappellent que l'enfer est pavé de bonnes intentions. Sous les habits d'une *bonne* éducation nécessaire au *bien* de l'enfant se cachent les marques de la trahison de la nature profonde de l'être[2]. Ce non-respect de l'enfant ouvre les portes à la violence et aux abus.

La perte d'élan vital

Karine poursuit le récit de son enfance :

Adolescente, mon père m'interdisait de sortir avec des garçons. Il me dévalorisait sans cesse et surveillait mes moindres gestes. J'avais le sentiment d'être en prison, complètement isolée. À vingt ans, j'ai fini par faire une tentative de suicide.

---

1. *Id.*, p. 78. Alice Miller cite dix-sept principes de la pédagogie noire.

2. Il faut souligner qu'il n'y a pas que la pédagogie coercitive qui engendre la trahison de la nature profonde de l'enfant ; l'inverse, une pédagogie laxiste, nourrit cette même blessure. L'enfant roi, abusif et violent, et l'enfant soumis et impuissant sont les deux facettes de l'enfant objet qui n'a pas le droit d'exister par et pour lui-même.

C'est seulement après ce geste désespéré que j'ai trouvé en moi le courage de me révolter.

Durant toute son enfance, Karine a été éduquée dans la négation de ses besoins, de ses rêves, de son identité et, de façon plus générale, de son être véritable. La principale conséquence a été une perte d'élan vital qui a conduit Karine, enfant puis plus tard adulte, à subir, impuissante, l'autorité abusive de son père. La perte d'élan vital générée par la quatrième blessure nous ôte parfois notre goût de vivre et nous fragilise. Pour Karine, il aura malheureusement fallu qu'elle attente à sa vie pour ressentir qu'elle pouvait exister par et pour elle-même[1]. Le chemin fut long mais aujourd'hui elle communique avec son enfant intérieur et corrige ce mensonge qui consistait à lui faire croire qu'elle était la « chose » de son père. C'est aujourd'hui une femme d'une trentaine d'années pleine d'envies, débordante de projets et d'énergie.

Oser se confronter au monde affectif de notre enfance nous rend la capacité de sentir et de vivre des émotions enfouies. Qu'elles soient douloureuses ou joyeuses importe peu, nous libérons notre enfant intérieur, le gardien de notre élan vital et créateur.

1. Le suicide reste une cause de mortalité alarmante en France. Environ 650 jeunes entre quinze et vingt-quatre ans en meurent chaque année.

Libérer l'enfant blessé en soi

Le refoulement, une mutilation intérieure

Face aux blessures maîtresses et à la souffrance, l'enfant n'a pas d'autre issue que le refoulement de la majeure partie de son vécu douloureux. C'est à six ou sept ans au plus tard que ce refoulement, qui est sa seule chance de survivre, s'installe et perdure jusqu'au jour où, adulte, il fait un premier pas vers son enfant intérieur blessé.

Une réelle confusion domine dans l'esprit d'un grand nombre d'entre nous à propos de la souffrance. La source de nos maux ne provient pas des blessures et de la souffrance originelles mais de leur refoulement qui nous éloigne de notre vérité intérieure symbolisée par notre enfant intérieur blessé. Vivre vraiment, c'est intégrer la souffrance originelle inhérente à toute existence. Générée par les blessures maîtresses de l'enfance, cette souffrance donne du sens à notre vie et, en acceptant de la traverser, nous répondons à une soif incessante de vérité. Adultes, nous nous détournons trop souvent de cette souffrance pour nous perdre dans l'illusion ou l'ignorance.

Ainsi, le refoulement est une véritable mutilation intérieure. Il nous coupe de notre enfant intérieur qui détient toutes nos potentialités créatives.

Embrasser la souffrance de l'enfant intérieur

Dès la conception une partie de l'héritage de l'enfant en devenir est blessure existentielle. « Le bébé en gestation est un être conscient, émotif et pleinement réactif à ce que vit [sa] mère[1] » et, à travers elle, au monde extérieur. Ne sous-estimons pas l'impact certain du choc de l'incarnation, des charges de la lignée familiale et du traumatisme de la naissance. Rapidement le bébé perçoit un manque d'amour, blessure originelle, qui conditionne les autres blessures.

Chaque blessure a été accompagnée d'émotions douloureuses comme la peur, le dégoût, la tristesse ou la colère[2], qui, dans le monde utérin préverbal du bébé, sont gardées en mémoire. Ce sont les blessures indicibles et leurs empreintes émotionnelles qui se réactualisent durant l'enfance. Cela signifie qu'elles se consolident au fil de nos expériences traumatisantes. L'inverse est bien entendu tout aussi vrai. Nos ressentis d'unité, de plénitude et d'amour perçus dans le ventre maternel sont comme une carte au trésor dont les contours s'élargissent au fil de notre vécu d'enfants joyeux et spontanés.

Notre enfant intérieur blessé est la mémoire de tout ce qui n'a pas pu être exprimé et le rappel d'une souffrance

1. Guy Corneau, *Le Meilleur de soi*, Robert Laffont, « Réponses », 2007, p. 29.

2. Il s'agit des émotions de base (comprenant aussi la joie) qui sont décrites dans *S'ouvrir à son cœur d'enfant*, *op. cit.*, p. 75-78.

originelle. Le travail de reconnexion avec l'enfant blessé suit deux voies parallèles.

La première voie : lever le refoulement. Il s'agit de prendre le parti de notre enfant intérieur, de reconnaître les torts qu'il a subis et de nous engager à prendre soin de lui et à ne plus l'abandonner. L'adulte que nous sommes peut enfin symboliser les blessures maîtresses de son enfance en mettant des mots et des images sur ce qui restait refoulé. Cette mémoire libérée fait rejaillir des émotions non traversées, enfouies et intenses comme au premier jour. Ce premier pas en soi et vers soi apporte une grande libération. Le refoulement, qui est une forme d'abandon et de mutilation de nous-mêmes, n'a plus de raison de perdurer car en tant qu'adultes, nous sommes capables de faire face et de traverser la souffrance générée par nos blessures.

La seconde voie : embrasser la souffrance originelle. La souffrance originelle est inhérente à notre état d'êtres humains. Embrasser cette souffrance revient à la reconnaître, à l'accepter et à faire corps avec cet état de fait. Le sens même de l'existence réside dans cette souffrance qui est notre soif de vérité. La vérité demeurant inaccessible, nous ressentons plus ou moins intensément une angoisse existentielle, la peur d'être séparés et la peur de disparaître, et ce que John Bradshaw appelle le « cafard métaphysique[1] », un sentiment de vide et d'absence. La découverte de notre vérité intérieure et la libération de notre enfant intérieur blessé atténuent grandement ce sentiment d'être en exil.

1. John Bradshaw, *Retrouver l'enfant en soi*, *op. cit.*, p. 419.

L'enfant intérieur blessé n'est pas une entrave. Il n'est pas la source de tous nos maux d'adulte et c'est injuste de le rejeter. Cette méprise, véhiculée par certains d'entre nous, poursuit l'œuvre séculaire qui consiste à abandonner l'enfant en soi et à faire perdurer le refoulement. C'est notre enfant intérieur blessé qui est la clef, une invitation non pas à supprimer notre souffrance mais à l'embrasser, c'est-à-dire la ressentir et la traverser pour au final la transcender. Cela contribue à la transcendance de notre propre passé. Sur ce point, Abraham Maslow précise que l'« on peut ainsi avoir une cognition ontique de son propre passé, celui-ci étant contenu et assimilé dans notre moi présent. Ce qui équivaut à une complète acceptation. Cela revient à se pardonner à soi-même parce que l'on se comprend soi-même. Ce qui implique la transcendance du remords, du regret, de la culpabilité, de la honte, de la gêne et d'autres sentiments de cet ordre[1] ».

Embrasser la souffrance originelle est le point de départ d'une grande libération et permet la construction de nouvelles fondations pour devenir les créateurs de notre vie.

---

1. Abraham Maslow, *Être humain*, Eyrolles, 2006, p. 299. La « cognition ontique » est une connaissance profonde de l'Être, une perception nouvelle et intégrative qui conduit la personne à être plus mûre, plus sage et plus accomplie. La place des sentiments toxiques et la question du pardon seront abordées plus loin dans cet ouvrage.

De nouvelles fondations

Jacqueline Kelen souligne avec justesse que « supprimer la souffrance, l'inquiétude, au bénéfice du seul épanouissement de soi qui est bonheur, bien-être, est un enfermement redoutable et un rêve chimérique[1] ». Oui, le bonheur intérieur réside dans la pleine acceptation de notre souffrance d'enfant, non pas pour s'y complaire mais pour accepter de la traverser. C'est ce à quoi nous invite constamment notre enfant blessé qui symbolise notre humanité blessée, tremplin nécessaire à notre cheminement. Ainsi serait-il vain et illusoire de croire que l'on peut entièrement guérir l'enfant blessé en soi. Ce n'est d'ailleurs pas ce qu'il demande. Il veut juste que nous soyons là pour le rassurer.

Les retrouvailles avec l'enfant intérieur apportent un gain d'humanité. En lien avec lui, l'adulte est davantage capable d'empathie et de compassion. Il est aussi plus proche de sa vérité intérieure. Nos blessures sont humanisantes tant que, telles des cicatrices vivantes, nous restons à leur écoute plutôt que de perpétuer le refoulement derrière les masques du bonheur matériel, d'une fausse quiétude ou d'une prétendue guérison totale de notre enfance. N'oublions jamais que « la blessure s'avère le contraire de l'entrave, elle invite à la quête, elle appelle à une infinie liberté[2] ».

Au fil du dialogue avec l'enfant en soi, nos blessures maîtresses, blessures fondamentales et incontournables, peuvent

1. Jacqueline Kelen, *Divine blessure*, Albin Michel, 2005, p. 302.
2. *Ibid.*

devenir les nouvelles fondations de notre vie d'adultes plus entiers et plus libres. Le manque d'amour, le rejet, la coupure d'avec son essence et la trahison nous délivrent, au-delà de la souffrance, quatre messages fondateurs :

1. Nous sommes par essence des êtres spirituels guidés par l'amour authentique.
2. Nous vivons une expérience humaine d'individuation et d'accomplissement.
3. Nous sommes une parcelle d'un principe vivant indicible auquel nous appartenons entièrement.
4. Nous sommes le reflet de la vie qui se cherche, se perd pour mieux se retrouver, disparaît pour mieux renaître.

Ces fondements peuvent nous rendre plus humains en atténuant la recherche illusoire et destructrice de la perfection et du pouvoir. Ils sont les piliers de notre vérité intérieure et de notre élan créateur.

Rétablir le contact avec sa créativité

La guérison de l'enfant intérieur est un état d'être, l'apprentissage d'une attitude quotidienne d'écoute aimante et rassurante vis-à-vis de la partie la plus blessée en soi. En ce sens, cette guérison n'est jamais définitivement achevée mais, chaque jour, elle libère un peu plus notre vitalité créatrice.

Le travail thérapeutique sur certains souvenirs d'enfance significatifs constitue une étape décisive pour rétablir le contact avec sa créativité.

Pierre est un homme d'une trentaine d'année qui souffre d'un manque d'énergie qu'il ne réussit pas à combattre. À chaque fois qu'il veut entreprendre quelque chose, il est fatigué et pense qu'il n'y arrivera pas, que c'est trop difficile. Un souvenir capital lui revient en mémoire :

J'avais quatorze ans et j'avais confectionné au collège, en cours d'éducation manuelle et technique, un magnifique avion en balsa et en papier de soie. J'étais très fier de moi. Une fois à la maison, je suis parti dans la campagne et j'ai joué avec mon avion. Je me souviens de cette journée merveilleuse. J'ai retrouvé un bien-être et une sensation de liberté que je n'avais plus ressentis depuis la petite enfance. Cette journée a été l'un des rares instants lumineux dans la difficile période de mon adolescence.

Pierre est conscient que, ce jour-là, il avait contacté son enfant créatif et libre. Mais la journée suivante fut désastreuse.

J'avais précieusement rangé mon avion dans ma chambre et, le lendemain, je me préparais à vivre de nouveau les mêmes sensations. J'avais déposé soigneusement l'avion sur mon lit pour aller m'habiller. Quelques instants plus tard, pour mettre mes chaussures, je me suis assis sur mon lit sans y prendre garde et j'ai écrasé complètement mon avion.

Pierre est encore pétri de honte et de culpabilité à l'idée d'avoir détruit ce qu'il considérait comme son chef-d'œuvre. Ce sont ces sentiments toxiques qui lui interdisent à l'âge adulte d'exprimer à nouveau sa créativité. Son enfant intérieur est prisonnier de cette mauvaise expérience qui révèle de subtiles entraves à sa liberté. Au fil du travail thérapeutique sur son enfant intérieur, Pierre découvre que sa honte et sa culpabilité sont les armes de son saboteur intérieur. Il ressent alors que ce saboteur avait une fonction bien précise : le contraindre à rester fidèle à un environnement familial très lourd (une mère malade et un père absent) où la légèreté et la liberté d'être soi n'avaient pas droit de cité. Jusqu'à aujourd'hui, ce paysage intérieur restait inconsciemment sa référence. Après une séance éprouvante où il s'autorise pour la première fois à exprimer sa colère, Pierre se lance dans la réalisation spontanée d'une peinture où il se représente jouant avec son avion. Cet acte réparateur joue un rôle décisif dans la libération de son élan créateur. Ce dessin, telle une image de guérison, transforme son paysage intérieur et défait les entraves qui le caractérisaient jusqu'alors. Il témoigne :

> *C'est comme si j'avais retrouvé une énergie bloquée depuis longtemps. J'ai accroché ma peinture dans ma chambre. J'ose enfin être moi-même, créatif et libre !*

Depuis, Pierre vole de ses propres ailes.

La préadolescence est souvent la période du plein épanouissement de la spontanéité et de la créativité. C'est vers cet âge que le jeune adolescent commence à se dissocier de son entourage, qu'il tente de se construire et de répondre à un élan intérieur. C'est aussi à cette période que le refoulement des blessures de l'enfance devient une entrave majeure à son accomplissement. L'abandon de l'enfant blessé en soi est alors le terreau des difficultés de l'adolescent tiraillé entre son désir de grandir et sa crainte de perdre le contact avec ses rêves.

Celui par qui advient le renouveau

Blessé et abandonné ou doué et créatif, ces deux visages appartiennent au même enfant, l'enfant intérieur qui vit en chacun de nous. Dans le conte ouvrant ce chapitre, lorsque le géant Offerus décide de porter l'enfant sur son dos, ce sont les deux aspects du même archétype qu'il intègre en lui, un être initial et final qui symbolise la nature préconsciente et post-consciente de l'homme[1]. En ce sens, l'image de l'enfant est d'une richesse inouïe ; elle évolue dans notre paysage intérieur et plonge ses racines dans l'inconscient individuel, familial et collectif. L'enfant blessé nous invite à la transcendance des blessures maîtresses inhérentes à notre nature humaine, alors que l'enfant créatif, qui symbolise la totalité de nos potentialités, nous mène vers l'accomplissement. L'un ne va pas sans l'autre. L'enfant intérieur est notre moi profond et authentique, la clef qui ouvre la porte vers notre Soi[2]. À ce titre, il est aussi le lien avec notre essence spirituelle.

---

1. C.G. Jung, C. Kerényi, *Introduction à l'essence de la mythologie – L'enfant divin, la jeune fille divine*, Payot et Rivages, « Petite bibliothèque », 2001, p. 158.

2. « Le Soi est une entité surordonnée au moi. Le Soi embrasse non seulement la psyché consciente mais aussi la psyché inconsciente et

Libérer l'enfant blessé en soi revient à créer des liens nouveaux avec son enfance en acceptant d'intégrer sa vérité intérieure. C'est la promesse faite à l'enfant intérieur d'être enfin là pour lui, en toutes circonstances, et de l'encourager à être lui-même. De cette libération, une parole de vérité naît, une souffrance se transmute, la blessure devient fondation, l'élan de vie jaillit et la créativité émerge. On découvre alors, émerveillé, que l'enfant intérieur est celui par qui advient le renouveau. Par essence, « l'enfant, c'est ce qui illumine l'obscurité et porte la lumière devant lui[1] ».

Pratique créatrice 1
Dessiner son enfant intérieur

L'une des activités préférées des enfants est le dessin. L'adulte peut retrouver dans le dessin un moyen spontané et intuitif de s'exprimer profondément, sans entrave ni jugement. Cet outil autorise la manifestation de notre inconscient et la représentation de notre vérité intérieure.

constitue de ce fait pour ainsi dire une personnalité plus ample [...]. Le Soi est aussi le but de la vie, car il est l'expression la plus complète de ces combinaisons du destin que l'on appelle un individu » (C.G. Jung, *Dialectique du moi et de l'inconscient*, Gallimard, « Idées », 1973, p. 140 et 298).

1. C.G. Jung, *Ma vie – Souvenirs, rêves et pensées*, recueillis par Aniela Jaffé, Gallimard, 1973.

Vous allez maintenant dessiner votre enfant intérieur afin de le découvrir et de renouer le lien avec lui.

Étape 1

Vous allez préparer une feuille de papier Canson, des crayons de couleur, des pastels ou de la peinture, selon votre goût. Mettez une musique relaxante en fond sonore, allumez une bougie et de l'encens. Installez-vous confortablement. Fermez les yeux. Respirez profondément. Visualisez ou devinez votre enfant intérieur. Soyez attentif aux images, sons, odeurs et sensations que vous percevez. Regardez bien votre enfant. Est-ce un petit garçon ou une petite fille ? Quel âge a-t-il ? Comment est-il habillé ? De quelle couleur sont ses yeux, ses cheveux ? Entrez en lui. Ressentez ce qu'il ressent. Prenez tout votre temps. Une fois le contact bien établi, ouvrez les yeux.

Étape 2

Vous allez dessiner votre enfant intérieur avec votre main non directrice[1]. Ne réfléchissez pas. Laissez-vous aller sans

1. La main non directrice est la main gauche pour un droitier et inversement la main droite pour un gaucher. Si vous êtes ambidextre, utilisez la main avec laquelle vous avez le plus de difficultés pour dessiner. La main non directrice permet à votre enfant intérieur de s'exprimer. La main directrice est la dominante, celle de l'adulte.

jugement. Ne cherchez pas à bien faire. Abandonnez tout ce que vous avez pu apprendre du dessin, de la perspective ou de la beauté. C'est votre enfant qui dessine. Choisissez les formes (figuratives ou pas) et les couleurs qui s'imposent à vous. Quoi que vous fassiez, votre geste est juste. Sentez le plaisir que vous prenez à dessiner ou à peindre sans aucune contrainte.

Étape 3

Une fois votre dessin achevé, donnez-lui un nom et signez avec votre prénom comme vous le faisiez quand vous étiez petit. Regardez attentivement votre dessin. Nourrissez-vous du message qu'il vous insuffle. Donnez-lui de l'importance. Gardez-le soigneusement et ne le montrez à personne. C'est votre intimité. C'est une précieuse image de votre paysage intérieur.

Ne cherchez pas à analyser votre dessin. Cette pratique s'appuie sur votre compréhension intuitive des symboles. Admirez de nouveau votre dessin dès que vous en éprouvez le besoin. Son but est de favoriser, en douceur et à votre rythme, la reconnexion avec votre vérité intérieure. Cela vous apportera un mieux-être et favorisera votre créativité. N'oubliez pas que votre dessin est une projection qui révèle votre âme. Un temps viendra où vous aurez peut-être envie de rencontrer à nouveau votre enfant et de le redessiner pour découvrir d'autres rivages intérieurs…

2.

Les poisons de l'âme
ou comment être un bon parent pour soi

Chaque adulte peut devenir le parent protecteur de son enfant intérieur en se délivrant des sentiments toxiques, poisons de son âme.

« Vivre à côté de soi, vivre à côté de l'âme,
c'est renoncer à soi, c'est renoncer à tout. »

Guy Corneau

Histoire : Le silence du dieu Khumbo[1]

Au commencement, il n'y avait qu'un océan primordial, un océan-miroir sur lequel se reflétait le visage du dieu suprême Khumbo. Mais las de se contempler, Khumbo souffla sur les flots impassibles d'où jaillirent toutes les étoiles du firmament. Puis il en décrocha un filament, lequel se solidifia pour créer les planètes et les astéroïdes.

Le dieu se pencha et vit une planète toute bleue, la seule qui, gardant le souvenir de l'océan primordial, était entièrement recouverte d'eau. Il érigea alors des montagnes qui devinrent continents sans jamais qu'aucune parcelle du sol ne manquât de cette eau pure et vivifiante qu'il adorait. C'est sur cette terre nourricière que des poussières d'étoiles se

1. Ce récit s'appuie sur les légendes de la création des Yoroubas du Nigeria, des Sénoufos du Mali et des Pygmées de la forêt équatoriale. Voir Jean-Pierre Otte, *Les Aubes sauvages – Les mythes de la création du cercle polaire à l'Océanie*, Seghers, 1994.

transformèrent en arbres majestueux foisonnants de feuilles qui, bercées par le vent, murmuraient le nom du dieu.

Khumbo inventa ensuite les animaux pour peupler cette planète qu'il venait régulièrement admirer. Un jour où il était assoupi sur le dos d'un crocodile, une noix tomba et se brisa en deux sur lui. Il en saisit alors le noyau mou à peine formé et modela une nouvelle créature entièrement nue et lisse avec une tête, des jambes et des bras. Surpris du résultat, il la dota d'une âme afin qu'elle n'oublie jamais son créateur. Ainsi apparurent sur terre l'homme et la femme.

Ils aimèrent tout de suite écouter le son du vent dans les arbres et observer le reflet des étoiles dans l'eau. Un soir où ils étaient accaparés par la danse des astres sur le fleuve, le démiurge souffla sur leurs visages et des sons sortirent de leurs bouches comme une longue litanie : « KhumboKhumboKhumboKhumboKhumboKhumboKhumbo... » Ému d'être reconnu par les hommes, Khumbo choisit de vivre à leurs côtés. Une jeune femme fut mise à son service pour lui apporter, dès l'instant où le soleil embrase l'horizon, de l'eau et des noix sous le premier arbre du monde, mais le dieu lui intima l'ordre de ne jamais chercher à le voir, ni même à l'entrapercevoir.

Pourtant, un soir la servante succomba à la curiosité qui la consumait. Elle se cacha dans la nuit pour épier en secret son maître. Elle s'était assoupie depuis longtemps lorsqu'un bruit la fit sursauter. Elle frotta ses yeux et jeta un regard vers l'arbre sacré. Il n'y avait rien ni personne, juste un filet de pâle lumière lunaire qui réussissait à percer l'épais feuillage. Déçue, elle voulut rentrer au village lorsque enfin elle devina, glissant délicatement vers la coupe d'eau et les quelques noix déposées sur une racine, une main puis un bras. Mais en s'approchant davantage pour distinguer le visage divin, une brindille craqua sous ses pieds. Khumbo s'aperçut de la trahison et disparut aussitôt.

Depuis les feuilles ne chuchotent plus et les hommes et leurs compagnes ont oublié le nom de leur architecte. En se penchant sur l'eau, ils ne voient plus la beauté des étoiles mais leur simple reflet, et c'est ainsi qu'en se retirant du monde dans la profondeur du firmament, Khumbo a laissé ses créatures seules face au silence de l'éternité…

L'éveil de la conscience

Cette histoire puise sa force dans les mythes de l'Afrique, berceau de l'humanité, et, comme toute cosmogonie, véhicule des symboles très vivants dans notre psyché.

Khumbo représente le créateur, un être total qui englobe tout ce qui est et ce qui n'est pas encore ; sa principale créature, l'être humain, est par conséquent le reflet de cette totalité. Tout le récit insiste sur le lien naturel entre Dieu et les hommes. Tout d'abord, les étoiles donnent naissance aux arbres qui rappellent, par leurs branches élevées et leurs profondes racines, le contact entre le ciel et la terre. On retrouve cette image dans un mythe iroquois où l'arbre de lumière, Onodscha, éclaire les mondes d'en haut et d'en bas[1]. L'arbre peut aussi figurer l'homme axé, accompli, qui a su unir les

1. Marie-Louise von Franz, *Les Mythes de Création – Processus créateurs et modèles de créativité*, La Fontaine de pierre, 2004, p. 65.

contraires (le haut et le bas) pour regagner son entièreté. Ici les hommes retrouvent grâce à l'eau, au vent et aux feuilles le contact avec leur créateur qu'ils finissent par nommer dans une longue litanie. Leur conscience s'éveille. Ils reconnaissent et servent leur dieu sous le premier arbre du monde qui matérialise le centre du monde.

Chez l'être humain épanoui, le moi conscient (au centre duquel se trouve le vrai moi symbolisé par l'image de l'enfant intérieur) est en interrelation harmonieuse avec le Soi pour en intégrer les multiples richesses en grande partie inconscientes. Marie-Louise von Franz confirme : « Les mythes de la création ne décrivent pas tant des phénomènes extérieurs, situés à l'origine des temps, qu'un processus intérieur de réalisation de l'inconscient et d'actualisation du Soi dans l'être humain qui place l'individu en correspondance avec l'univers[1]. »

La naissance de l'élan créateur

Notre propre force créative cherche à s'exprimer et à s'accomplir. Ce n'est pas un hasard si dans tous les mythes de création, le monde et l'homme n'existent que grâce à l'action créatrice d'êtres surnaturels[2] qui sont une métaphore de notre propre capacité à créer, à suivre l'élan créateur que l'on porte en soi. Mais d'où vient cet élan ?

1. *Id.*, p. 288.
2. Mircea Eliade, *Aspects du mythe*, Gallimard, « Folio essais », 1963, p. 23.

Dans « Le silence du dieu Khumbo », l'ennui du démiurge est à l'origine du monde. Ainsi naissent les étoiles et les planètes… L'acte créateur peut émerger d'un choix conscient pour sortir d'une situation d'immobilisme. Mais pas uniquement. Un jour, un événement inattendu survient. Une noix se brise sur le dieu, qui en découvre le noyau malléable. Il modèle l'être humain, une création par accident. Cette image, présente dans de nombreux mythes, illustre l'hypothèse jungienne de l'autonomie créatrice de l'inconscient. Nous pouvons être inspirés à tout moment et concrétiser ce qui résulte d'un élan créateur inconscient. Une situation extérieure apparemment anodine permet soudain la création. Marie-Louise von Franz constate : « Tout se passe […] comme s'il y avait réellement un *spiritus creator* [esprit créateur] dans l'inconscient qui se manifeste de la sorte, éveillant de nouvelles possibilités [1] ». Que nous choisissions de créer consciemment ou que nous répondions à un élan inconscient, notre essence créatrice est en quête d'un chemin pour se dévoiler.

Être séparé pour renaître à soi

Au lien entre l'homme et son créateur, entre le conscient et l'inconscient (source de notre puissance créatrice), s'oppose une autre réalité, celle de la séparation.

Une servante finit par succomber à la curiosité et enfreint

1. Marie-Louise von Franz, *Les Mythes de Création*, *op. cit.*, p. 46.

l'ordre de ne jamais chercher à voir Khumbo. Dès lors, le créateur disparaît, laissant les hommes à leur solitude. L'élévation de la conscience du moi débute par la séparation. On ne peut réunir que ce qui a été préalablement séparé. C'est la différenciation puis l'interaction entre les pôles opposés (ici le monde humain et le monde divin) qui sont à l'origine d'une incroyable dynamique. Tout, dans nos vies, semble procéder de cette même dynamique. Jung insistait sur le fait que tout processus psychologique avait pour fondement l'opposition entre des pôles contraires. Marie-Louise von Franz ajoute : « La plupart des cosmogonies décrivent la séparation des opposés comme un acte positif et créateur. [...] Le processus d'individuation et son symbolisme prennent, dans une grande mesure, l'aspect d'un mythe de création inversé, d'un retour au germe unique et fondamental[1]. »

Notre inconscient est de nature essentiellement créatrice mais, comme le rappelle Guy Corneau, « le contact avec votre puissance créatrice et son expression sont fonction de la permission que vous vous accorderez de devenir vous-même[2] ». Aujourd'hui nous accordons bien peu d'importance aux mythes et oublions leur fonction première. En leur redonnant vie, nous sortons du temps profane et chronologique pour plonger dans un temps sacré qui réactualise en nous une sagesse immémoriale et nous encourage dans le choix de renaître. Nous sommes en grande partie séparés

1. *Id.*, p. 189.
2. Guy Corneau, *Le Meilleur de soi*, *op. cit.*, p. 191.

du divin mais nous pouvons à tout moment recouvrer ce lien avec notre essence spirituelle.

La métaphore de l'enfant intérieur est très puissante ; elle est l'élément principal de notre mythologie personnelle dévoilant que l'existence humaine est l'apprentissage de la conscience et de la liberté, l'apprentissage du lien et du retour à soi.

La naissance des sentiments toxiques

De la création du monde à la perception de notre réalité

Le récit de Khumbo est touchant. Comme tout mythe de création, il appartient à notre inconscient, il l'anime. Semblable à des images qui forment et donnent vie aux différents paysages de notre monde intérieur, il aborde la question fondamentale du sens de notre existence. La relation entre notre moi conscient et notre vaste inconscient est vibrante d'émotions et de sentiments qui colorent notre perception de la réalité.

À la fin de l'histoire, les hommes sont orphelins, délaissés par leur divin créateur. Se sentant trahi par la curiosité d'une jeune femme, Khumbo se retire au plus loin de sa création. Le sentiment de culpabilité est omniprésent. Une faute a été commise qui jette l'humanité dans la plus grande des solitudes. Le sentiment d'abandon prend racine.

L'enseignement des mythes de création est universel[1]. L'homme fait le choix inconscient d'expérimenter sa propre dimension de créateur. Il est séparé du Tout pour regagner par lui-même le chemin vers la totalité. Les sentiments toxiques sont l'écueil de cette quête. L'homme reste meurtri par la honte, la culpabilité, l'abandon et l'impuissance qui mystifient sa perception de la réalité. Ils l'éloignent de sa véritable nature et le contraignent à demeurer une créature incapable de conscientiser sa dimension de créateur.

De la perception à la création de notre réalité

Nos pensées créent notre réalité. Jung a découvert comment une synchronicité révélait une coïncidence significative entre un événement psychique et un événement physique non causalement reliés l'un à l'autre. Les synchronicités démontrent que la réalité extérieure est en correspondance avec notre monde intérieur.

Lors d'un atelier sur l'enfant intérieur, Liliane se confie en ces termes :

Je suis triste en permanence. J'aimerais sortir de cet état dépressif mais je ne vois pas de lumière au bout du tunnel. Comment faire ?

1. Dans la Genèse, la honte et la culpabilité accompagnent l'exil d'Adam et Ève hors du Paradis.

Elle choisit une carte dans le jeu des Anges[1] et tire la Joie. Très déçue, elle rétorque :

C'est évident qu'il me faut développer la joie mais c'est justement mon problème. Comment y arriver ?

Elle accepte une seconde proposition : s'endormir en pensant à cette qualité pour obtenir un message sur le chemin à suivre. Le lendemain, toujours aussi déprimée, elle part au travail en s'efforçant de penser à la joie. À sa pause déjeuner, elle s'installe comme à l'accoutumée dans un petit square avec son sandwich. Elle remarque, événement inhabituel, un petit orchestre sous une rotonde. Selon sa propre perception, « les musiciens semblent tristes et abattus ». Ils cherchent alors dans leurs partitions le prochain morceau à jouer. Bientôt, la formation s'agite et se lance dans une interprétation endiablée de la chanson de Charles Trenet « Y'a d'la joie ! ». Cet événement synchronistique est pour elle une véritable révélation. Elle prend conscience que sa réalité est le fruit de son état intérieur et qu'en cultivant un tant soit peu la joie, ce sentiment peut prendre de l'ampleur dans sa vie et générer des situations joyeuses.

---

1. Ce jeu, publié par les éditions Le Souffle d'or sous le titre « Les cartes des Anges », est une invitation à cultiver des états émotionnels positifs. Chaque carte dévoile une qualité à développer en soi illustrée par un ange. L'image de l'ange est de nature médiatrice. Il est un intercesseur, un messager du sacré. Il rend visible ce qui ne l'est pas. L'utilisation de ce jeu permet un ressourcement intérieur, actif et créatif.

L'exemple de Liliane confirme une règle essentielle de notre psychisme : la loi d'attraction[1]. Chaque jour, nous attirons à nous ce qui fait notre réalité de demain. Mais qui est ce « nous » ? Ce sont nos pensées et surtout les sentiments qui donnent vie à nos pensées et les rendent créatrices. Une pensée sans émotion n'est pas créatrice ; elle ne canalise pas une assez forte énergie psychique. À l'inverse, une pensée soutenue par une émotion devient puissante. Toutes nos pensées et émotions forment les paysages de notre monde intérieur que notre psyché nourrit et actualise dans notre réalité. Pour autant, ne tombons pas dans le piège d'une simplification extrême et crédule qui consisterait à affirmer : « Je pense très fort à ce que je désire et, en entretenant un sentiment positif, je l'obtiens à tous les coups. » La plupart de nos états intérieurs sont inconscients et construisent à notre insu notre réalité. Nous n'avons conscience que de deux mille bits[2] d'informations sur les quatre cents milliards de bits que notre cerveau traite chaque seconde[3] ! Notre vie est un écho de notre monde

1. Guy Corneau explique dans son livre *Le Meilleur de soi*, *op. cit.*, p. 214 : « Cette attraction est fondée sur un système de résonances où le semblable attire le semblable. » Dans un autre genre, le film *Le Secret*, tiré de l'ouvrage éponyme de Rhonda Byrne, est une façon vivante d'aborder ce sujet même si le rôle de l'inconscient, bien qu'évoqué, y est sous-évalué.

2. Le bit représente la plus petite unité de mémoire utilisable par un ordinateur et, par analogie, dans notre cerveau.

3. William Arntz, Betsy Chasse et Mark Vicente, *Que sait-on vraiment de la réalité ? – Découvrir les possibilités infinies de transformer sa réalité de tous les jours*, Ariane, 2007.

intérieur. Dans le territoire insoupçonné de notre psyché, les sentiments toxiques jouent un rôle de sape.

Les sentiments toxiques

Les émotions de base (peur, tristesse, dégoût, colère et joie) éprouvées régulièrement engendrent des sentiments qui sont les fondements de notre perception du monde[1]. Un sentiment a sa propre capacité d'émettre un jugement juste ou erroné sur ce qui l'entoure et d'induire une décision appropriée ou inadaptée. Dans notre vie, nous sommes autant mus par nos pensées que par nos sentiments.

Revenons aux blessures maîtresses de l'enfance. Chacune d'elles a généré des émotions qui ont été refoulées pour ne pas ressentir la souffrance originelle. Ces émotions refoulées se sont transformées en sentiments complexes et toxiques qui empoisonnent notre capacité à contacter et exprimer notre âme, c'est-à-dire notre essence spirituelle[2]. Ces sentiments,

1. Le neurologue américain Antonio Damasio explique : « Les émotions et les sentiments d'émotions sont respectivement le début et le terme d'une progression, mais le caractère relativement public des émotions et l'aspect complètement privé des sentiments qui en découlent montrent bien que les mécanismes situés tout au long de ce continu sont extrêmement différents. » Voir *Le Sentiment même de soi – Corps, émotions, conscience,* Odile Jacob Poche, 2002, p. 60.

2. L'âme ou le Cœur d'enfant est l'essence spirituelle d'un être, au-delà de toute influence extérieure. Elle ne s'exprime que lorsque l'adulte est réconcilié avec son enfant intérieur.

intériorisés à notre insu, sont pernicieux et agissent secrètement en sapant tous nos efforts pour être vrais et authentiques. Dans « Le silence du dieu Khumbo », l'homme ne voit plus les étoiles dans l'eau mais son propre reflet, une image trompeuse pétrie de honte, de culpabilité, d'abandon et d'impuissance. Il n'a plus qu'une perception limitée et limitante de lui-même. Tant que ces sentiments n'ont pas été débusqués et extériorisés, ils nous éloignent de notre véritable nature et sont une entrave majeure à la réalisation de nos élans créateurs.

Premier poison : la honte

Le visage de la honte toxique

Nous manquons tous plus ou moins d'amour pour nous-mêmes. Cette réalité incontournable est souvent difficile à accepter. Nous manquons d'amour pour nous-mêmes tant que nous continuons à reproduire ce que nous avons vécu enfants, tant que nous ne réussissons pas à recréer un lien avec notre enfant intérieur blessé. Le refoulement de la blessure du manque d'amour s'est accompagné d'une honte toxique bien éloignée du sentiment humain naturel de honte saine qui permet à chacun de se recentrer sur sa véritable nature. Enfants, en percevant le manque d'amour de nos parents (une forme altérée et conditionnelle d'amour), nous avons intériorisé la croyance que nous n'étions pas dignes d'être aimés.

Incapable de reconnaître les déficiences humaines de ses parents, l'enfant se construit à travers l'image que lui renvoient ceux-ci. L'enfant est un « nous » avant d'être un « je ». S'il ressent que ses parents sont fiables, capables de satisfaire ses besoins dans un cadre sécurisant et affectueux, il acquiert le sentiment qu'il a une valeur et qu'il peut être en lien avec son essence. À l'inverse, si ses besoins ne sont ni entendus ni comblés, il se ferme à lui-même et intègre l'idée mystifiée qu'il est profondément déficient, anormal, sale, voire monstrueux. C'est le visage de la « honte toxique qui consiste en une rupture du moi avec lui-même[1] », écartant le futur adulte de sa capacité à reconnaître et à révéler ce qu'il est profondément. Lorsque cette honte toxique et paralysante envahit l'être, elle nourrit la perte de contact avec soi dans la dépression, l'addiction ou la codépendance. Nous sommes tous plus ou moins pétris de honte toxique. La relation que nous entretenons avec notre corps est l'un des symptômes de ce mal caché que nous endurons à divers degrés.

Michelle et la réconciliation avec son corps

Michelle, quarante ans, a été atteinte à l'âge de deux ans d'une paralysie faciale qui touche encore l'hémisphère gauche de son visage. Elle souffre depuis d'un profond manque

1. John Bradshaw, *S'affranchir de la honte*, Montréal, Éditions de l'Homme, 2004, p. 28.

d'estime de soi et agit en victime, accusant son handicap de toutes ses difficultés. Sa relation avec le reste de son corps n'est pas meilleure. Elle se souvient encore :

> *Mes camarades de classe ont toujours été très cruels avec moi. Ils me donnaient toutes sortes de surnoms blessants et je ne me défendais pas. Je pense que je méritais tout cela. C'est vrai, je suis vraiment moche !*

Michelle veut aujourd'hui se guérir. Elle est dotée d'une grande force et d'une grande détermination lorsqu'elle entreprend d'aller à la rencontre de son enfant intérieur. Pour pouvoir symboliser ce qui ne l'a pas été, et découvrir sa vérité intérieure, elle choisit une personne du groupe de thérapie pour incarner son enfant intérieur (la petite Michelle)[1]. Les voilà toutes deux face à face :

Michelle : *Je ne sais pas quoi dire.*

Son enfant intérieur tombe en pleurs.

Michelle : *Je comprends qu'elle soit si triste. C'est dur ce qui nous arrive. On est rejetées depuis toujours.*

La petite Michelle se met à hurler : *Ce n'est pas juste !*

Michelle semble compatir mais elle garde une certaine

1. Ce travail de symbolisation s'effectue dans le cadre d'une « constellation du paysage intérieur ». Cette technique, qui fait partie de la méthode « Cœur d'enfant », est une mise en espace et en situation puissante pour laisser s'exprimer l'inconscient, rencontrer son enfant intérieur et remplacer les images intérieures toxiques par des images de guérison (voir p. 204).

distance et ajoute : *C'est vrai mais qu'est-ce qu'on peut faire ? C'est la faute de personne.*

La petite Michelle se relève : *Ce n'est pas vrai !*

Michelle, très étonnée : *Ah bon ! Je ne vois pas...*

La petite Michelle : *De toute façon, je n'ai pas le droit de parler.*

Après quelques hésitations, Michelle autorise son enfant intérieur à exprimer ce qu'il ressent.

La petite Michelle : *C'est la faute de maman.*

Michelle : *Ah bon ! Je ne sais pas si c'est vrai. Ma mère n'en a que le nom. Elle ne s'est jamais occupée de moi. Elle avait honte que je sois si moche alors qu'elle était si belle. Je comprends que ç'ait été dur pour elle d'avoir une enfant comme moi.*

La petite Michelle pleure de nouveau : *Non, non, non !*

Michelle : *Que se passe-t-il ?*

La petite Michelle : *Ce n'est pas juste. Maman ne m'a jamais aimée. J'ai eu si froid au cœur que mon visage s'est paralysé.*

Michelle semble tétanisée devant cette révélation et se met à pleurer : *C'est vrai. Je ne voulais pas l'admettre car la vérité était trop dure. J'ai manqué si cruellement d'amour que je ne sais pas m'aimer. Une partie de moi est restée figée.*

Michelle s'approche et prend alors son enfant intérieur dans les bras en lui disant : *Je t'aime. Tu es belle comme tout. De quoi as-tu besoin ?*

La petite Michelle : *Je veux de la chaleur, des massages.*

Michelle : *Tiens, c'est drôle ! Cela fait un certain temps que je ressens ce besoin mais je n'osais pas. Maintenant, je me rends compte que c'est essentiel pour apprendre à m'aimer et à m'accepter de nouveau. Je m'engage à aller chez un masseur chaque semaine.*

Plus nous manquons d'amour pour nous-mêmes, plus nous déprécions notre corps en le jugeant, en le rejetant en tout ou en partie et parfois même en le maltraitant. Le manque d'amour ressenti dans l'enfance conduit à la naissance d'une image dégradée de soi qui cache une profonde honte, sentiment si toxique qu'il entame grandement l'estime personnelle. Les troubles de l'image du corps sont liés à une non-reconnaissance des besoins essentiels dans l'enfance. Les échanges précoces mère-enfant (la solidité du portage, la douceur du toucher, l'échange de sourires ou l'allaitement) permettent la satisfaction du besoin de protection de l'enfant. La mère joue le rôle de barrière préservant l'enfant jusqu'à ce qu'il puisse investir ses limites corporelles et assurer sa propre protection. Si cette fonction maternelle est mal remplie, c'est la constitution du moi qui en pâtit. Freud rappelle : « Le Moi est finalement dérivé de sensations corporelles, principalement de celles qui ont leur source dans la surface du corps […][1]. » Cette idée s'est considérablement enrichie avec la notion de moi-peau créée par Didier Anzieu : « Par moi-peau, je désigne une figuration dont le moi de l'enfant se sert au cours des phases précoces de son développement pour se représenter lui-même, comme moi contenant les contenus psychiques,

1. Freud, « Le Moi et le Ça », *Essais de psychanalyse*, Payot, 1981.

à partir de son expérience à la surface du corps[1]. » De même que la peau recouvre tout le corps, le moi-peau enveloppe tout l'appareil psychique[2]. Lorsque dans la petite enfance l'acquisition d'un moi-peau est entravée, l'adulte exprimera des difficultés à vivre de saines limites corporelles et psychiques. Il sera perpétuellement préoccupé par le regard, les désirs et les sentiments présumés des autres. Dans le cas de Michelle, elle n'a pas reçu de sa mère les soins et la chaleur suffisants à son bien-être. Selon elle, sa mère désirait un garçon et n'a jamais réussi à l'aimer. Sa paralysie faciale n'a été que la conséquence visible d'une réalité intérieure insupportable et inexprimable. Son moi s'est construit sur une expérience de manques affectifs et sensoriels très difficiles à vivre conduisant à un sentiment de honte toxique ; honte qui s'est focalisée sur son infirmité et l'a éloignée de son moi authentique. Elle ressentait que ses besoins n'étaient pas importants. Elle avait perdu le sentiment de sa valeur personnelle, octroyant aux autres un pouvoir sur elle.

Il est souvent difficile d'être simplement fier de son corps et de supporter ses imperfections. Pourtant, plus on aime son corps, mieux on se sent. On répond soi-même à un besoin essentiel de reconnaissance et d'amour. L'image du corps est une figuration de notre moi authentique meurtri. Plus nous nous croyons indignes d'amour, plus nous entretenons une image dévalorisée de nous-mêmes. La honte de notre corps cache la honte de notre vraie nature que nous croyons à tort

1. Didier Anzieu, *Le Moi-peau*, Dunod, 1985.

2. Sylvie G. Consoli, « Le moi-peau », *Médecine/Sciences*, vol. 22, février 2006, p. 198.

déficiente. La reconnaissance de l'enfant intérieur passe par la réconciliation avec son corps. Le massage peut participer à la réparation d'un moi fragilisé. Le corps nourri par le toucher répare les fonctions corporelles et psychiques de base. Par le toucher, nous communiquons avec notre enfant intérieur et nous rétablissons un contact sain avec nous-mêmes, débouchant sur une meilleure image de notre corps.

La honte en héritage

Le psychanalyste américain Bruno Bettelheim écrivait en 1979 que « le sentiment de honte est à la base de notre civilisation occidentale[1] ». C'est dans sa nature collective et multigénérationnelle que la honte toxique puise sa force dévastatrice. Ce ne sont pas seulement des individus qui en souffrent mais des familles et des sociétés entières. Dans la religion catholique, la honte transgénérationnelle a été amplement nourrie par des phrases telles que : « Seigneur, je ne suis pas digne de te recevoir mais dis seulement une parole et mon âme sera guérie ».

C'est particulièrement dans le domaine de la sexualité que la honte toxique continue à faire des ravages. Valérie se remémore encore avec force et émotion un épisode crucial de son enfance. Elle a cinq ans. Au milieu d'un repas de famille, elle s'installe tranquillement par terre pour explorer son corps. En touchant son sexe, elle déclenche l'hilarité de son cousin âgé de treize ans. La mère de Valérie arrive à ce

1. Bruno Bettelheim, *Survivre,* Robert Laffont, 1992.

moment et rougit de honte en assistant à la scène. Valérie ne comprend pas ce qui se passe mais ressent que ce qu'elle fait est grave puisque sa mère paraît très embarrassée et lui demande de cesser. Toute la famille, élevée dans un strict catholicisme, est très prude. Adulte, Valérie a longtemps gardé une honte de son sexe. Elle n'a jamais réussi à se masturber jusqu'au jour où elle s'est remémorée cet événement. La mère de Valérie avait projeté sa propre vision de la sexualité sur sa fille alors que le jeu de celle-ci remplissait simplement une fonction naturelle de curiosité et d'exploration de son corps.

Si la honte toxique « peut survivre d'une génération à l'autre, c'est grâce à son côté secret. Puisqu'on la garde cachée, on ne peut l'affronter et l'annihiler[1] ». Tous les secrets de famille (qui peuvent concerner un suicide, un homicide, un inceste, un avortement, une naissance cachée, un désastre financier, une vocation contrariée, etc.) nourrissent la honte. Ne nions pas l'importance d'exprimer dans l'émotion et en mots ce qui nous empoisonne à notre insu de façon à pouvoir éprouver de la honte saine et non plus de la honte toxique. La honte saine nous permet d'accepter avec amour, humilité et humour nos limites humaines et nous donne le courage d'admettre notre imperfection.

Quand un adulte se réconcilie avec son enfant intérieur blessé, il reconnaît ses propres déficiences, celles qui l'ont amené à rejeter, oublier ou maltraiter une partie essentielle de son être.

---

1. John Bradshaw, *S'affranchir de la honte*, *op. cit.*, p. 61.

Deuxième poison : la culpabilité

Faux coupables

Le célèbre réalisateur de cinéma Alfred Hitchcock est âgé de quatre ou cinq ans lorsque son père, un grand nerveux à l'humour difficile, l'envoie au commissariat de police (le père connaît bien le commissaire) avec une lettre. Après lecture de ce courrier, le policier enferme le petit Alfred dans une cellule pendant cinq à dix minutes, des minutes qui semblent une éternité pour cet enfant de nature réservée. Pour seule explication, il reçoit de plein fouet la phrase suivante : « Voilà ce qu'on fait aux petits garçons méchants. » Hitchcock n'a jamais su ce qu'il avait pu faire pour mériter ce châtiment alors que son père l'appelait sans cesse « ma petite brebis sans tache »[1]. Derrière ce principe éducatif douteux[2] se tapit une culpabilisa-

1. Cette célèbre anecdote est rapportée dans l'ouvrage *Hitchcock-Truffaut – Édition définitive*, Ramsay, 1983, p. 17.

2. Il semble que le père d'Alfred Hitchcock ait omis l'essence même de la leçon qu'il voulait donner à son fils. Françoise Dolto rapporte un exemple tiré des écoles japonaises. Le maître accuse injustement l'un des meilleurs élèves devant toute la classe : « Tu as volé de l'argent dans ma poche » ou « Tu as triché », mais ensuite il donne une explication : « Sache que le meilleur des maîtres ou le meilleur des pères peut être injuste. Tu dois apprendre l'injustice du monde tout en étant un homme juste. » Le but de cette pratique éducative est de faire tomber l'illusion de la perfection du parent ou de

tion et un abus d'une grande violence qui fera dire au réalisateur : « Je connais la peur depuis mon enfance [...]. »

Dans l'un de ses films, *Le Faux Coupable* (*The Wrong Man*, 1957), Hitchcock plonge le spectateur dans le ressenti de l'expérience traumatisante de son enfance. Le personnage principal, Manny Balestrero (interprété par Henry Fonda), un modeste musicien, est accusé à tort d'une attaque de banque. Lors d'une fameuse scène, il est escorté à travers un dédale d'escaliers et de barreaux jusqu'à sa cellule. Enfermé, on ne voit bientôt plus que ses yeux apeurés qui envahissent tout l'espace d'une fente étroite dans la porte. Manny, silencieux, est cloisonné dans un lieu exigu et fermé qui lui interdit de voir le monde. Cette séquence symbolise l'être humain rabaissé au rang d'une chose impuissante.

Nous sommes tous à divers degrés de faux coupables, prisonniers derrière les barreaux d'une culpabilité toxique qui trouve son origine dans le refoulement de la blessure maîtresse du rejet.

C'est ma faute

Ne pouvant remettre en cause ses parents, l'enfant perçoit toute carence affective de leur part (liée à la négation d'un de ses besoins essentiels) comme un rejet de ce qu'il est profondément. Il assimile alors rapidement le message inconscient suivant : « Maman ou Papa ne m'aime pas (ou

---

tout autre substitut parental. Voir Françoise Dolto, *La Cause des enfants*, *op. cit.*, p. 124.

plus) et c'est ma faute. » Bien entendu, il n'existe aucune faute, mais la culpabilité toxique s'appuie sur la honte toxique. Puisqu'une partie de nous croit que notre moi authentique est déficient, nous imaginons que nos actes se révéleront forcément mauvais. En grandissant, nous nous forgeons un tribunal intérieur où le juge et les jurés nous désignent éternellement comme accusés et coupables. Nous intégrons que nous devrons toujours lutter pour vivre, c'est pourquoi « la culpabilité, c'est être constamment envahi par le sentiment que tout ce qu'on fait pour soi ou pour les autres n'est jamais assez[1] ». Ce sentiment peut parfois nous envahir au point de nous sentir coupables de ce que nous aurions pu commettre, de ce que nous n'avons pas commis et de ce que nous pourrions commettre. Les tensions intérieures sont telles que pour continuer à se supporter, l'être n'a pas d'autre choix que de dissimuler sa culpabilité derrière le masque du perfectionnisme.

Le masque du perfectionniste

Yves, la quarantaine, est l'aîné d'une famille de trois enfants. Depuis son plus jeune âge, il est la fierté de ses parents. À l'école puis dans ses études supérieures, il a toujours collectionné les bonnes notes et les récompenses. Dans son travail, il se targue d'être toujours exigeant, compétitif. Sa compagnie n'est pas très agréable. Ses deux frères

1. Douglas H. Ruben, *Le Sentiment de culpabilité – Dix étapes pour s'en libérer*, Dangles, « Psycho-soma », 1996, p. 17.

se sont toujours plaints de « son trop grand sens des responsabilités » et de « sa fierté d'être l'aîné, un privilège dont il abusait ». Après dix ans de mariage, son épouse a demandé le divorce parce qu'il était « de plus en plus odieux ». Lorsqu'il se présente pour un premier entretien de thérapie par l'enfant intérieur, il semble peu enclin à vouloir comprendre sa difficulté. Bien au contraire, il insiste sur le fait qu'il contrôle sa vie et donne même quelques conseils pour rendre cette séance « plus productive ». À la fin de l'heure, sur le palier, la thérapeute lui sourit et dit simplement ces mots : « Je suis navrée que vous vous sentiez si peu à la hauteur » puis ferme la porte. Yves revient la deuxième fois assez furieux mais désireux de comprendre ce que signifie cette phrase. Pour seule réponse, la thérapeute lui propose de se dessiner enfant avec la main non directrice. Il tente alors de faire un beau dessin mais n'y parvient pas. Il arrête l'exercice. Après plusieurs séances, la thérapeute l'encourage à renouveler l'expérience : « Il n'y aura aucune note et je ne cherche pas à tester vos qualités de dessinateur. » Yves finit par lâcher son perfectionnisme et s'autorise à dessiner comme un enfant. Il y prend même du plaisir.

Le perfectionnisme est un comportement destiné à cacher la « faute majeure » qui résume la culpabilité toxique que nous portons tous plus ou moins en nous, l'accablant sentiment de ne pas avoir répondu aux attentes réelles ou supposées de nos parents. Cette faute, symbolisée par le péché originel, nous coupe de notre véritable moi. Une partie de nous, mortifiée par des attentes psychogénéalogiques inconscientes, pense qu'elle n'a pas entièrement le droit d'exister, d'être elle-même. La réconciliation avec notre enfant intérieur nous permet de ressentir une culpabilité saine. Nous réintégrons alors une instance intérieure juste qui nous incite à agir en respectant nos valeurs profondes. C'est une manière de chasser le juge intérieur et de protéger l'enfant en soi en lui garantissant la sécurité et la libre expression de sa vérité.

Troisième poison : l'abandon

Un bagage sur le bord de la route

Le sentiment d'abandon, né du refoulement de la coupure d'avec notre essence (troisième blessure maîtresse de notre enfance), évoque la perte de notre moi authentique, notre vraie nature. Mais habitués à ne plus être nous-mêmes, nous ne percevons plus l'abandon véritable. Nous ignorons ce que nous avons abandonné. Nous sommes arrivés sur Terre avec un magnifique bagage, mais nous avons été priés de le laisser sur le bord de la route. Aujourd'hui adultes, nous cheminons sans ce précieux bien. Nous avons oublié ce qu'il renfermait, nous ne connaissons plus le lieu où il se trouve. Certains d'entre nous ont même perdu la trace de son existence et vivent des situations d'abandon toxique destinées à les éloigner de leur vraie souffrance, la perte de leur trésor intérieur. Mais il n'est jamais trop tard. Découvrons l'itinéraire d'une jeune femme qui a retrouvé son magnifique bagage.

À la recherche de la vraie petite Annie

Annie est une femme-enfant de trente-huit ans. Sa voix est fluette et peu assurée. Dans sa nouvelle relation amoureuse, elle se conduit « comme une enfant » et a des « demandes d'enfant ». Or Jacques, son compagnon, a deux petits garçons d'une précédente union. Des tensions naissent de cette situation. Annie a le sentiment d'être spoliée dès que Jacques s'occupe de ses fils. Il prend d'ailleurs son rôle de père très à cœur. Annie souffre et craint d'être une fois de plus abandonnée, mais elle a conscience que son comportement n'est pas juste. Lorsqu'elle se présente pour la première fois dans un groupe de thérapie par l'enfant intérieur, elle exprime clairement sa motivation : « Je veux me débarrasser de mon enfant intérieur » et elle poursuit en pleurant : « Je ne veux plus être une enfant. Je souffre trop et je risque de perdre celui que j'aime. » Commence alors son formidable voyage intérieur à la recherche de son moi perdu.

Première escale. Annie comprend que lorsqu'elle fait une demande d'enfant à Jacques, elle s'adresse inconsciemment à quelqu'un d'autre : « C'est ma mère qui se cache derrière mon compagnon » et elle ajoute aussitôt avec véhémence : « Ma mère ne pense qu'à elle et passe son temps à me téléphoner pour me raconter sa vie. » Sa voix devient celle d'une enfant : « Je veux qu'elle s'occupe de moi. Elle ne l'a jamais fait. »

Deuxième escale. Annie réussit maintenant à se dissocier. Elle sait que cohabitent en elle deux personnes, une adulte et une petite fille en quête de reconnaissance de sa mère. Elle apprend à communiquer avec cette petite qui lui assène un jour : « Je veux retourner dans le ventre de maman. » Cette remarque la fait souffrir ; l'adulte en elle veut prendre ses distances avec cette mère « trop envahissante et intrusive ».

Troisième escale. Annie retrouve l'origine de son sentiment d'abandon. Son père a toujours été absent, bien que présent physiquement. Sa mère lui a inlassablement martelé qu'« il ne voulait pas d'elle ». Annie ressent de la colère contre sa mère « qui l'a prise en otage » et contre son père « qui n'a pas joué son rôle ».

Quatrième escale. Dans la famille d'Annie, les places de chacun étaient très confuses. Enfant, elle a dû endosser de multiples rôles (confidente, infirmière…) pour satisfaire sa mère. Soudain une phrase lui échappe : « Mais où se trouve la petite fille qui n'a pas eu le droit d'exister ? »

Arrivée à destination. Annie prend conscience que l'enfant revendicateur en elle n'est pas son enfant intérieur mais son enfant adapté[1]. Elle le remercie d'avoir existé, lui dit qu'elle n'a plus besoin de lui et le libère. Elle renoue le contact avec

1. Nous consacrons un paragraphe à l'enfant adapté, p. 128.

la vraie petite Annie et lui écrit une lettre qui se termine par ces mots :

Ma petite Annie chérie, je serai toujours à tes côtés pour t'aimer et m'occuper de toi. Je vais apprendre à être un bon parent pour toi. Je suis si heureuse de t'avoir retrouvée. Je t'embrasse très fort. Annie la grande.

Les racines de l'abandon toxique

L'enfant a besoin d'exister dans le regard de ses parents, d'être vu et de trouver un reflet, un écho positifs chez ses protecteurs. Il éprouve la nécessité d'un miroir bienveillant confirmant ses sentiments et ses aspirations pour apprendre peu à peu les saines limites qui assureront son équilibre et son épanouissement. En assumant cette fonction de miroir, les parents offrent à leur enfant les frontières solides d'un moi lui permettant de devenir un être entier et autonome.

Certains parents souffrant d'un sentiment d'abandon n'ont pas encore réussi à retrouver leur moi authentique et recherchent dans leur enfant ce qui leur manque tant. Ils exigent que celui-ci comble leur vide. Il n'existe rien de pire pour un enfant que de ne pas pouvoir être un enfant. C'est toujours source d'une grande souffrance.

Les racines du sentiment d'abandon toxique résident dans le renversement des rôles naturels et la négligence des besoins de l'enfant. L'enfant s'évertue à répondre aux besoins de ses parents alors que ce sont les parents qui devraient satisfaire ses besoins. Il se sent livré à lui-même.

Il est obligé de renoncer à son moi authentique pour s'adapter aux attentes parentales. Le sentiment d'abandon devient inquiétant, voire mortifiant. L'enfant renonce à ses besoins essentiels et finit par les oublier.

Adultes, nous sommes la proie du sentiment d'abandon lorsque nous nions notre nature profonde et nos besoins fondamentaux pour nous conformer aux désirs d'autrui. Il n'est pas rare que nos élans de liberté soient coupés net par des croyances négatives telles que « Je suis égoïste » ou « Je ne pense qu'à moi ». À chaque fois qu'un être émet ce type de jugement sur lui-même, il s'enferme dans le cercle vicieux de la honte et de la culpabilité toxiques pour nourrir un peu plus l'abandon de soi. Il n'est pas rare non plus que d'autres se chargent de nous culpabiliser en décrétant ces mêmes sentences à notre égard. Nous avons tendance à les croire tant que nous octroyons à ces individus un pouvoir sur nous-mêmes. Explorons maintenant le dernier poison qui abîme notre âme, notre sentiment d'impuissance.

Quatrième poison : l'impuissance

Le symptôme de l'impuissance : la paralysie

L'enfant intérieur représente les forces-ressources fondamentales de l'être humain dont l'adulte a besoin pour s'accomplir. Lorsque la honte, la culpabilité et l'abandon ont fait leur œuvre, nous sommes fondamentalement coupés de notre enfant intérieur et nous éprouvons un profond sentiment d'impuissance. Quand un adulte fait face pour la première fois à son enfant intérieur, il est le plus souvent paralysé devant cet inconnu et éprouve peu d'émotions. Cette paralysie, symptôme de notre sentiment d'impuissance, est générée par le refoulement de la quatrième blessure maîtresse de l'enfance, la trahison. Keny Arkana, une rappeuse engagée, proclame : « Ce qu'ils appellent être *adulte*, c'est commettre l'adultère. Tromper l'enfant qui est en toi pour devenir ce qu'on t'a dit d'être[1]. » En nous trahissant nous-mêmes, nous perdons toutes nos possibilités et devenons incapables de poser des actes réparateurs.

Le fondement de l'impuissance : le mensonge

Enfants, nous étions dépendants de nos parents mais confiants. Nous n'avions pas les moyens de résister aux abus de toutes sortes. Adultes, nous pouvons briser les chaînes qui nous entravent. Stéphane se confie :

J'étais tellement loin de mon enfant intérieur. Je me sentais incapable d'agir pour la simple et bonne raison que je ne savais pas ce qu'il fallait faire. C'est alors qu'une petite voix en moi m'a dit : « Il n'y a rien à faire. » J'étais décontenancé puis m'est apparue une évidence : mon enfant intérieur est

1. Extrait de la chanson « Sans terre d'asile » dans son premier album *Entre ciment et belle étoile*, édité par Because Music en 2006.

moi et je suis lui. Intuitivement, j'ai senti que je faisais un premier pas dans la bonne direction.

La prise de conscience de Stéphane est difficile à intégrer malgré son apparente simplicité. L'enfant intérieur est la source et le réservoir de notre énergie vitale et de notre créativité. Chassons le mensonge qui nous susurre que cet enfant est un handicap, voire un persécuteur, ou qu'il n'existe tout simplement pas. Ce mensonge trouve son origine dans la peur archétypale que nous inspire l'image de l'enfant dans notre inconscient collectif. Cet enfant symbolise tout ce que l'adulte s'évertue à refouler, le souvenir douloureux des blessures et des traumatismes. Son génie naturel insaisissable et mystérieux nous effraie aussi. En acceptant de prendre la main de notre enfant intérieur, nous regagnons l'élan de vie indispensable pour affronter le dernier obstacle, nos images parentales.

Les images parentales

Les images parentales sont des parents intériorisés, des figures figées dans la prime enfance, résultat d'une perception subjective des caractéristiques positives et négatives de nos parents d'hier. Tout travail thérapeutique sur l'enfant intérieur explore davantage les relations que chacun entretient avec ses images parentales qu'avec ses parents réels. Notre fidélité à ces images trahit notre profonde mystification, c'est-à-dire le processus d'adaptation qui nous a éloignés de notre vraie nature, et se traduit par un attachement excessif au passé.

Ces images parentales ont le pouvoir de nous faire régresser dans l'état de petit enfant en attente, pétri de sentiments toxiques. Ainsi la honte nous persuade que nous ne méritons pas l'amour de nos parents. La culpabilité nous contraint à adopter un profil bas. L'abandon nous coupe de notre essence et l'impuissance nous paralyse et tue en nous toute volonté d'indignation. N'oublions pas que quelles que soient ses caractéristiques, le parent intériorisé est plus mortifiant que le parent réel. « Issu d'images fantasmagoriques, [le parent intériorisé] fournit un lot de pensées, sentiments et comportements enkystés, non intégrés, et auxquels la personne réagit comme s'il s'agissait de véritables internalisations des grandes personnes de la petite enfance[1]. » La première fonction du parent intériorisé est de donner à l'enfant l'illusion qu'en faisant sien ce qui le blesse, il parviendra à le contrôler. Sa seconde fonction est de sauvegarder l'image idéale de parents aimants et bienveillants. Ces images parentales dirigent notre vie à notre insu.

Comme le sang irrigue et oxygène notre corps, la rivière de notre enfance nourrit notre vie de ses ombres et de ses lumières. Nous pouvons à tout moment emprunter le chemin qui conduit à l'amour authentique et à la réconciliation ; ce chemin, c'est la confiance du petit enfant qui s'endort dans les bras d'un bon parent.

---

1. Richard Erskine et Janet Moursund, *Reprendre contact avec l'enfant intérieur – Analyse transactionnelle et psychothérapie intégrative*, InterÉditions, 2001, p. 19.

Re-création :
retrouver ses rêves d'enfant

Tel un détective, vous allez partir à la découverte de vous-même. Vous allez retrouver vos rêves et vos aspirations profondes en répondant aux questions suivantes par une courte phrase :

- Mon jouet favori dans l'enfance était…
- Mon jeu favori dans l'enfance était…
- Mon histoire préférée, enfant, était…
- Les films que j'aimais, enfant, étaient…
- Les lectures que j'aimais, enfant, étaient…
- Lorsqu'on me demandait, enfant, le métier que je désirais faire, je répondais…
- Je rêve secrètement de…
- Si je ne croyais pas que c'est trop tard ou que j'en suis incapable, je…
- Je ressens un profond bien-être à chaque fois que je…
- J'ai confiance en moi quand je…

Après chaque réponse, respirez amplement et percevez un nouvel élan qui envahit chacune de vos cellules. Vos goûts d'enfant portaient des rêves que vous pouvez aujourd'hui concrétiser. Rien ne s'oppose à ce que vous vous accomplissiez pleinement. D'autres pratiques proposées plus loin vous permettront de poser des actes dans ce sens.

Devenir son propre parent

Rompre la fidélité aux images parentales

La confrontation avec les images parentales dévoile les deux facettes majeures du refoulement dont nous sommes tous à divers degrés victimes. N'oublions pas que le refoulement, système défensif nécessaire dans l'enfance, a entraîné la perte de la conscience de nos besoins, émotions, sentiments et souvenirs d'autrefois.

Le déni est la première facette du refoulement, le refus de faire face à l'humiliation de l'enfant doué que nous étions. Pourtant, « à partir du moment où il répond à ce besoin de tutelle du nouveau-né, l'adulte [le parent] ne peut pas s'empêcher de blesser, de handicaper ce petit être, de créer des dommages qui réduisent son formidable potentiel[1] ». Nombre de parents souffrent de leur confusion entre culpabilité et responsabilité. Alimentés par leurs sentiments toxiques, ils s'interdisent de prendre leurs responsabilités et de reconnaître leurs déficiences. Le premier devoir d'un parent structurant est d'admettre ses erreurs. Voici le témoignage du chanteur Idir dans « Lettre à ma fille[2] » :

---

1. Françoise Dolto, *La Cause des enfants*, *op. cit.*, p. 179.
2. Dans l'album *La France des couleurs*, édité par Sony BMG Music Entertainment France sous le label Sanctuary en 2007.

« Je t'ai élevée de mon mieux, et j'ai toujours fait attention

À perpétuer les règles, à respecter la tradition

Comme l'ont fait mes parents (crois-moi sans riposter) [...]

Mais était-ce pour ton bien ? Ou pour faire comme les autres ?

Tous ces doutes qui apparaissent et cette question affreuse :

C'est moi qui t'ai élevée, mais es-tu seulement heureuse ?

Tout ça je me le demande, mais jamais en face de toi

Tu sais, ma fille, chez nous, il y a des choses qu'on ne dit pas [...]

J'veux qu'tu cries, et que tu chantes à la face du monde !

J'veux qu'tu laisses s'épanouir tous ces plaisirs qui t'inondent

J'veux qu'tu sortes, j'veux qu'tu ries, j'veux qu'tu parles l'amour [...] »

Ces paroles traduisent les difficultés de nombreux parents écartelés entre leur propre obéissance à des valeurs familiales et culturelles, leurs propres limites et leur souhait du meilleur pour leur enfant. Certains d'entre nous ont une grande difficulté à trouver un rapport juste avec leur enfant qui ne soit pas marqué par la volonté de leur imposer un carcan les éloignant de leur liberté d'être. Dans cette chanson, le père s'interroge avec pertinence : « Je t'ai élevée de mon mieux [...] Mais était-ce pour ton bien ? » Le « mieux » pour les parents est rarement le « bien » pour l'enfant. Le piège est justement de couvrir nos parents en affirmant qu'ils ont fait de leur mieux. Comme le souligne Alice Miller, « il est compréhensible que nous voulions pardonner et oublier, afin de nous épargner la douleur – mais les choses ne fonctionnent pas ainsi. Tôt ou tard, il apparaîtra que le pardon ne résout rien, et mène à une impasse[1] ». Ce n'est pas à l'enfant devenu adulte d'excuser et de pardonner à ses parents. Ce serait trahir son enfant intérieur en larmes et le nier en ne prenant pas son parti et en se rangeant du côté de l'adulte. La volonté de pardonner à tout prix est chargée de sentiments toxiques profonds et accroît la force des images parentales nocives[2]. Notre devoir vis-à-vis de nous-mêmes est d'admettre les déficiences de nos parents : nous avons été blessés par eux (volontairement ou pas, peu importe). C'est cela être un bon parent pour soi.

L'idéalisation est la seconde facette du refoulement. Nous restons attachés à nos images parentales tant que subsiste en nous l'image idyllique d'une famille qui répond entièrement à nos besoins essentiels. C'est l'enfant adapté qui nous persuade que nos parents réels sont les piliers de notre famille idéale. Cette recherche inconsciente de la famille idéale a trouvé son illustration la plus mémorable dans les romans de Laura Ingalls Wilder qui furent adaptés à la télévision en 1974 sous le titre *La Petite Maison dans la prairie*. Dans cette série télévisée à succès, face aux aléas de la vie, les parents Charles et Caroline Ingalls sont toujours attentifs et protecteurs. C'est sans doute ce que nous aurions aimé de nos parents en toutes circonstances. C'est rarement le cas.

1. Alice Miller, *Ta vie sauvée enfin*, Flammarion, 2008, p. 259.
2. Ce point sera abordé dans la dernière partie.

Pourtant, nombre d'entre nous réinventent leur « petite maison dans la prairie » en embellissant leur enfance, en attendant indéfiniment une réparation de leurs parents ou en tentant vainement de jouer le rôle de parents parfaits. Comme l'explique Alice Miller, « soutenir l'aveuglement n'aide personne, car c'est aussi tromper l'enfant que portent, au fond d'eux-mêmes, les parents [1] ».

En rompant avec le déni et l'idéalisation, nous regagnons une juste distance avec nos parents intériorisés et avec nos vrais parents. Nous rompons la fidélité qui nous lie à de faux modèles. À cet instant commence le travail de deuil indispensable pour devenir son propre parent. Alice Miller rappelle que « la plaie sans doute la plus profonde – ne pas avoir été aimé tel qu'on était – ne peut guérir sans travail du deuil [2] ». En devenant un bon parent pour soi, chacun transforme la blessure du manque d'amour en amour authentique, une attention nouvelle vis-à-vis de soi qui permet de toujours prendre le parti de son enfant intérieur.

Prendre le parti de son enfant intérieur

Un bon parent est le protecteur de son enfant intérieur. Il le protège et l'autorise à exprimer l'être merveilleux qu'il est. John Bradshaw déclare que cette tâche est « un processus

1. Alice Miller, *Ta vie sauvée enfin*, *op. cit.*, p. 230.
2. Alice Miller, *L'Avenir du drame de l'enfant doué*, PUF, « Le fil rouge », 1996, p. 83.

ininterrompu qui implique un apprentissage correctif, lequel exige effort et pratique[1] ». Cette autodiscipline est salutaire. Elle permet à chacun de regagner sa propre puissance sur lui-même pour offrir à son enfant intérieur de nouvelles autorisations :

- Exprime ta vérité intérieure en toutes circonstances.
- Exprime tes émotions.
- Exprime tes besoins essentiels. Ils méritent d'être entendus et comblés.

Ces nouvelles autorisations positionnent chaque adulte face à son enfant intérieur. C'est une manière de lui dire qu'à présent l'adulte assurera le rôle nécessaire de bon parent. C'est être en contact avec soi, un contact clair et non distordu où l'amour n'est pas confondu avec la cruauté. Notre santé psychologique en dépend.

Extérioriser ses sentiments refoulés

L'être humain ne peut pas guérir ce qu'il ne ressent pas. Être un bon parent pour soi, c'est accompagner son enfant intérieur blessé. Cela implique d'éprouver son chagrin, une souffrance légitime oubliée depuis longtemps, non pas pour s'y complaire mais pour le libérer. Jung explique que « [l]'émotion est ce moment où l'acier rencontre une pierre et en fait jaillir une étincelle car l'émotion est la source principale de toute prise de conscience. Point de passage

1. John Bradshaw, *Retrouver l'enfant en soi*, Éditions de l'Homme, 2004, p. 319.

de l'obscurité à la lumière, ni de l'inertie au mouvement sans émotion ». Extérioriser ses émotions et ses sentiments refoulés est une véritable délivrance de notre élan vital et créatif[1]. Le processus d'extériorisation n'est pas un long fleuve tranquille. Il se décompose en deux phases.

Première phase : oser la colère légitime. Cette émotion fait peur. Dans la tradition judéo-chrétienne la colère fait partie des sept péchés capitaux. Elle est donc inexprimable. Nous oublions qu'une émotion n'est ni bonne ni mauvaise en soi. La colère révèle notre capacité d'indignation et de rébellion face une situation intolérable. Tant que nous n'assumons pas la colère légitime de notre enfant intérieur, nous la projetons sur le monde et la redirigeons sur des personnes extérieures à notre histoire et dans des situations inappropriées. La colère refoulée sert de carburant aux abus de pouvoir, rapports de force, manipulations ou parfois à l'esprit de compétition. Pire, nous pouvons aussi retourner contre nous cette colère, ce qui est à l'origine de nombreux maux, malaises et maladies. À l'inverse, accueillir l'émotion originelle de la colère la transcende. Une juste colère n'a pas besoin de cris pour se faire entendre. Elle est le glaive d'une autorité naturelle qui considère comme normal et acceptable de refuser une injustice, un abus, une agression ou toute autre forme d'atteinte à son intégrité. Une saine colère est une manière de défendre les frontières de son

1. Le moi adapté nous pousse parfois à nous enfermer dans des états émotionnels perturbateurs. Cet aspect sera étudié dans la troisième partie.

territoire. Elle ouvre la porte à la puissance sur soi. Nous n'avons aucun pouvoir sur les autres et nous sommes seuls responsables de notre seuil de tolérance. C'est nous qui le fixons et il ne tient qu'à nous de ne plus tolérer les dysfonctionnements individuels, familiaux et culturels dont nous restons les victimes.

Seconde phase : reconnaître la tristesse inavouée. L'abandon de l'enfant intérieur est à l'origine de la dépression[1]. Celle-ci exhorte l'individu à retrouver le contact perdu avec son enfant intérieur. Jean, un homme d'une quarantaine d'années, se livre :

> *J'étais littéralement au bout du rouleau. Ma dépression a abouti à une tentative de suicide et à un séjour en hôpital psychiatrique. Un ami m'a conseillé un stage sur l'enfant intérieur. J'ai finalement participé à deux stages. C'était ma dernière chance. J'en suis sorti transformé. Pendant le premier stage, j'ai passé mon temps à me plaindre de mon incapacité à ressentir quoi que ce soit. Je cherchais une guérison miracle, indolore et extérieure à moi. Au deuxième stage, j'ai fini par lâcher et je me suis retrouvé face à face*

1. Il importe de distinguer la dépression de la dépressivité. Cette dernière indique un fonctionnement psychique sain. Elle est inhérente à certaines phases de notre vie qui nécessitent de lâcher ce qui n'a plus lieu d'être, de faire le deuil d'une situation pour avancer. La dépression est davantage une perte de contact avec soi. Caractérisée par une profonde tristesse, un repli sur soi et une souffrance morale, elle signale que l'individu est coupé de son moi authentique et de son élan vital et créatif.

avec mon enfant intérieur. Son état m'a bouleversé et je me suis écroulé en larmes. Il me semble avoir pleuré pendant une éternité. J'ai évacué une souffrance depuis si longtemps refoulée. J'ai alors compris que la rupture avec ma compagne, que je croyais à l'origine de ma dépression, n'avait été que l'élément déclencheur[1]*. Je m'étais totalement perdu. Les retrouvailles avec mon enfant intérieur et ma souffrance originelle ont été des plus salutaires. Je lui ai demandé pardon pour l'avoir oublié si longtemps. J'ai pu reconstruire ma vie. La dépression s'est évanouie comme elle était apparue.*

La reconnaissance de notre enfant intérieur permet d'évacuer une tristesse inavouée, secrète et refoulée, enfouie au plus profond de notre être pour fuir la souffrance originelle. Bercées par des promesses irréalistes et nocives, nombre de personnes tentent de se persuader que le travail sur soi est une voie exclusivement lumineuse et positive. Elles n'acceptent de côtoyer leur enfant intérieur que s'il les éloigne de toute souffrance. C'est un non-sens total. Se reconnecter à son enfant intérieur est une façon d'explorer son monde intérieur où l'ombre et la lumière n'existent pas l'une sans l'autre. Les sentiments sains de honte (en tant qu'êtres humains, nous sommes par essence limités), de culpabilité (nous reconnaissons nos erreurs), d'abandon (nous avons abandonné notre véritable moi) et d'impuissance (nous n'avons aucun pouvoir sur les autres) sont

1. « Le suicide est toujours, comme la dépression, une conséquence de la souffrance niée de l'enfance » (Alice Miller, *Ta vie sauvée enfin*, *op. cit.*, p. 258).

incontournables et indissociables du travail de réconciliation avec son enfant intérieur. C'est un chemin sinueux et bien peu fréquenté qui mène à l'état de bon parent et d'adulte plus entier, plus libre et plus créatif.

Répondre à ses besoins essentiels

Nos besoins essentiels[1] font écho à une double nécessité non exprimée par le nourrisson mais vitale : la reconnaissance de notre existence (j'existe) et la considération de notre nature unique et entière (je suis une personne). Un parent qui souffre de manques n'arrive pas à satisfaire certains des besoins les plus naturels et les plus inoffensifs de son enfant. Ces besoins réveillent chez le parent une souffrance enfouie qu'il préfère refouler en jugeant la demande de son enfant irrecevable.

Enfants, nos besoins inassouvis se sont transformés en manques que nous tentons, adultes, de combler sans succès. Lorsqu'un adulte ressent un manque, il recherche une compensation et ne parvient plus à reconnaître le besoin essentiel inapaisé qui se cache derrière. C'est la tâche principale du bon parent d'accueillir l'enfant blessé pour entendre ses besoins véritables et y répondre.

En tant qu'adultes et bons parents pour soi, nous avons la capacité de nourrir notre enfant intérieur. Chaque blessure maîtresse de l'enfance nécessite un baume, un soin pour

1. Voir la pratique créative en fin de chapitre, p. 116.

l'âme abîmée, meurtrie depuis trop longtemps par des sentiments toxiques et douloureux. C'est à la fois un retour à soi et un don pour soi des meilleures nourritures affectives dont nous avons été privés enfants. Pour guérir la blessure du manque d'amour, donnons-nous de l'amour, de la reconnaissance et de l'intégrité. Pour soulager la blessure du rejet, offrons-nous de la chaleur, de l'accueil et de l'équité. Pour être à nouveau en lien avec notre essence, développons en nous la sécurité, la créativité et la spiritualité. Enfin, pour chasser la trahison de notre vie, pourvoyons à nos besoins de confiance, de bienveillance et de respect. Après un travail sur l'enfant intérieur, une femme décrivait ainsi son prodigieux parcours : « Mon état intérieur se résume par ces quelques vérités : considération de ma propre identité, respect nécessaire de ma vérité intérieure, appréciation de ce qui a été et de ce qui est, retour vers moi, acceptation et reconnaissance de qui je suis ».

Combler les besoins de son enfant intérieur n'est pas si ardu. Il s'agit de cultiver une présence à soi dans des actes simples de la vie quotidienne : prendre un bon bain, s'offrir des massages, jouer avec des amis, écouter de la belle musique, manger des aliments sains et naturels, se promener dans la nature, faire une sieste, méditer, etc. Lorsque l'enfant intérieur se sent écouté et entendu, l'adulte réconcilié et unifié réintègre sa dimension de créateur.

Reconnaître sa dimension de cocréateur[1]

Un proverbe soufi dit : « Je suis parti en quête de Dieu et n'ai trouvé que moi. Je suis parti en quête de moi-même et n'ai trouvé que Dieu. » Il peut sembler surprenant d'évoquer Dieu ; pourtant, l'archétype de Dieu fait partie de notre monde intérieur, au-delà de toute connotation ou croyance religieuse. L'image de Dieu, d'un point de vue psychologique, est un symbole de la totalité psychique, c'est-à-dire du Soi. Jung explique qu'« on peut considérer l'image de Dieu [...] comme un reflet du Soi ou, inversement, voir dans le Soi une *Imago Dei in homine* [une image de Dieu dans l'homme][2] ». Notre rapport avec l'image de Dieu revêt une grande importance pour comprendre et intégrer ce que signifie être un bon parent pour soi.

À la fin du « Silence du dieu Khumbo », les hommes sont séparés du divin. Cette vérité absolue et éternelle est celle de l'abandon originel. Dans la vie quotidienne, cette sensation d'être séparé de peut être vécue dans la relation à un parent, un conjoint, un ami, etc., mais à chaque fois derrière les situations d'abandon toxique se tapit l'abandon originel. Pour pallier cette coupure spirituelle fondamentale, nous

1. L'éminent psychiatre américain Scott Peck est l'un des premiers à avoir popularisé l'idée de cocréation. Nous utilisons ici le terme de « cocréateur » pour signifier que chacun de nous n'est pas l'unique bâtisseur de sa vie. Nous créons avec notre enfant intérieur, avec les autres, avec la vie...

2. C.G., Jung, *Ma vie*, *op. cit.*, p. 628.

avons construit Dieu à notre image. Dieu tel que nous le concevons n'est, la plupart du temps, qu'une projection de notre conception intérieure mystifiée par nos blessures et nos sentiments refoulés. Ainsi notre relation au divin et à notre essence spirituelle est faussée et limitée. Le Dieu que nous imaginons est symboliquement l'image du Parent par excellence. En nous vivant séparés de lui, nous attendons tout de lui (même si nous ne croyons pas en lui) tel l'enfant adapté en nous qui compte totalement sur son parent idéalisé. Nous gardons le secret espoir de voir surgir un sauveur. La conséquence est qu'adultes, nous restons persuadés que l'extérieur va répondre à notre sentiment de vide et d'insatisfaction permanent. Nous espérons puérilement que la vie soit en tout ce que nous voudrions qu'elle soit. Nous dissimulons notre honte toxique derrière notre désir de contrôle et de pouvoir. Nous vivons encore séparés de, en attente de l'extérieur, et nous fuyons un peu plus notre intériorité, c'est-à-dire notre enfant intérieur. C'est le signe de notre faillite spirituelle, une perte de sens.

Lorsque nous apprenons à être de bons parents pour nous-mêmes, notre regard se détourne de l'extérieur pour répondre à l'appel de notre intériorité. Nous cessons de nous prendre pour Dieu ou de créer Dieu à notre image, nous le ramenons en nous pour l'intégrer intimement. Nous retrouvons un lien sacré avec tout ce qui nous entoure. Nous apprenons à être les cocréateurs de notre réalité, des adultes entiers et réconciliés à l'écoute de leurs élans créateurs. Alors seulement, nous pouvons commencer à accueillir la séparation originelle et nous abandonner sainement dans les bras de « l'inconnu » comme nous encourage à le faire le célèbre médecin et conférencier américain Deepak Chopra : « Ouvrez les bras à l'inconnu. Chérissez-le aussi tendrement qu'un bébé qui vient de naître. Lui seul se soucie vraiment du destin de votre âme. Vénérez-le comme ce qu'il y a de plus sacré, acceptez-le pleinement et vous toucherez au but car Dieu vit dans l'inconnu et vous y attend[1]. »

L'enfant intérieur nous encourage à plonger dans l'inconnu, à être en interrelation avec le Soi. Objet de crainte et de fascination, cet enfant ouvre une voie nouvelle, celle d'un retour à soi et chez soi. Évitons de nous perdre dans un rationalisme étroit qui rejette le Soi et l'incommensurable mystère de l'existence ou dans une pseudo-spiritualité qui fait l'éloge dangereux de la destruction du moi. Un bon parent veille au bien de son enfant intérieur. C'est un adulte avec un moi entier, solide, bien organisé, qui laisse émerger de son inconscient tous les élans créateurs. Il est capable d'exprimer et de concrétiser ses richesses intérieures. Il est le cocréateur de sa vie.

Pour manifester pleinement notre dimension créatrice, franchissons une nouvelle marche en apprenant à nous détacher de notre fonctionnement mystifié, du faux moi que nous croyons être à tort notre véritable nature.

---

1. Deepak Chopra, *Comment connaître Dieu ?*, Éditions du Rocher, 2001, p. 316. Deepak Chopra est un pionnier dans le domaine de la médecine du corps et de l'esprit. Il doit sa renommée internationale à son approche nouvelle de la guérison mêlant le meilleur de la médecine occidentale à la sagesse et aux pratiques traditionnelles orientales.

Pratique créatrice 2
Agir en bon parent pour soi

Le refoulement de nos blessures a fait naître des sentiments toxiques qui nous éloignent de nos besoins véritables. Voici un petit tableau récapitulatif.

Les blessures maîtresses de l'enfance	**Les sentiments toxiques, poisons de notre âme**	**Nos besoins essentiels inassouvis (liste non exhaustive)**
Le manque d'amour	La honte	L'amour, la reconnaissance et l'intégrité
Le rejet	La culpabilité	La chaleur, l'accueil et l'équité
La coupure d'avec son essence	L'abandon	La sécurité, la créativité et la spiritualité
La trahison	L'impuissance	La confiance, la bienveillance et le respect

Si vous vous attelez à poser chaque jour ne serait-ce qu'un seul acte pour répondre à l'un de vos besoins inassouvis, vous deviendrez un bien meilleur parent pour vous-même et vous générerez des sentiments créateurs de joie, de paix, d'harmonie et d'accomplissement. Vous allez maintenant donner la parole à votre enfant intérieur pour qu'il vous confie ce dont il a besoin.

Étape 1

Préparez une feuille de papier blanc sans lignes ni marges. Vous pourrez ainsi en utiliser la surface entière et dans le sens qui vous convient. Le but est que vous échappiez aux contraintes habituelles. Installez-vous confortablement. Vous pouvez mettre une musique de relaxation en fond sonore, allumer une bougie et de l'encens. Vous allez tout d'abord écrire avec votre main directrice la question suivante :

Cher(e) petit(e) (écrivez ici *votre prénom*), *dis-moi comment répondre à ton besoin d'amour ?* Exemple : Cher petit Franck…,

Puis, avec la main non directrice, vous allez laisser venir sans réfléchir les mots et les phrases comme une écriture automatique. Le résultat ne sera pas forcément très lisible. Cela n'a aucune importance. Vous prendrez ensuite un temps pour déchiffrer le message de votre enfant intérieur. Peut-être aurez-vous l'impression au début de contrôler votre réponse, mais peu à peu votre inspiration va guider votre main. Faites fi de l'orthographe, de la syntaxe et de la logique. Les demandes de votre enfant intérieur peuvent être très précises : par exemple, profiter d'un bon feu de bois dans la cheminée, danser, jouer avec un animal, se promener dans une forêt, prendre un bon bain moussant, faire une sieste dans un hamac, regarder la nuit étoilée… Parfois, ses réponses seront plus générales : rire, prendre du temps pour moi, ne pas m'oublier, montrer que j'existe… Vous imaginerez alors des actes concrets à poser, comme regarder les dessins animés ou les séries préférés de votre enfance, inviter des amis pour jouer à un jeu de société, lire une bande dessinée hilarante, préparer un bon goûter avec la pâtisserie et la boisson que vous aimiez enfant, choisir des vêtements colorés qui expriment votre joie de vivre…

Étape 2

Engagez-vous à poser chaque jour un acte pour répondre à la demande de votre enfant. Constatez les bienfaits que vous en retirez. Les jours et semaines suivants, réitérez la question à votre enfant intérieur pour chacun des besoins inassouvis proposés dans le tableau ou, bien entendu, pour tout autre besoin qui vous apparaît fondamental.

Devenir un bon parent pour soi est un travail quotidien et ce sont souvent des actes très simples qui raviront votre enfant intérieur. Prenez votre enfant intérieur comme guide et vous irez à l'essentiel.

3.

Les carapaces illusoires
ou comment restaurer son véritable moi

Chaque adulte peut se détacher du faux moi
qui l'éloigne de sa nature créatrice.

« Soyez à vous-mêmes, votre propre refuge.
Soyez à vous-mêmes votre propre lumière. »

Bouddha

Histoire : Le Prince et le Maître de l'Illusion[1]

Jadis, dans une lointaine contrée d'Orient, naquit le prince Siddhârta. Le jour de sa naissance, sa mère la reine, escortée par une servante, flânait dans un vaste jardin où chaque essence d'arbre et de fleur rivalisait de beauté. Au cœur de ce paradis coloré et odorant, elle trébucha et poussa un cri : « Mon fils est là. » C'est ainsi que cet enfant vit le jour sereinement sous un figuier. À peine sorti du ventre de sa mère, il marcha successivement en direction des quatre points cardinaux et déclara : « Pour moi, le cycle des naissances et des renaissances s'arrête aujourd'hui. Bientôt, je serai libéré du poids de ma charge d'être humain

---

1. Ce récit s'inspire de l'illumination de Siddhârta qui est l'un des innombrables et riches épisodes de la vie de Bouddha. Cette version s'appuie sur les ouvrages suivants : Walpola Rahula, *L'Enseignement du Bouddha d'après les textes les plus anciens*, Le Seuil, « Points Sagesse », 1961, et Kyra Pahlen, *Bouddha – Le roman de sa vie*, Pocket, 1996.

pour être plus petit que le plus petit grain de sable, plus léger que la plus légère plume d'oisillon et plus transparent que la plus transparente goutte de pluie. » L'enfant devint adulte sans jamais oublier sa promesse. Sa vie fut une quête de vérité. Il connut tous les excès du prince qui vit oisivement dans l'abondance et le plaisir puis toutes les souffrances de l'ascète qui erre dans le plus grand dénuement. Bientôt, une nouvelle voie s'ouvrit à lui.

Un jour, il aperçut un parc magnifique où trônait un vénérable figuier aussi solide que les cieux et aussi ferme que la terre. L'homme qui était né sous un arbre semblable s'approcha pour embrasser l'écorce du tronc. Alors chaque feuille qui se balançait au vent lui murmura que l'issue de sa quête était proche. C'est sous la protection de ce vibrant feuillage que le Prince choisit de demeurer pour contempler enfin la vérité.

Un matin, absorbé par la méditation, il ne vit pas immédiatement la créature qui s'approchait de lui. Dans une danse lascive, cette dernière se dénuda entièrement. « Elle est belle à en mourir », pensa-t-il. Elle incarnait les multiples facettes de l'amour terrestre. En la contemplant, le Prince sentit un instant tout le plaisir de rester attaché à une telle beauté. Mais devant tous ces artifices, il sourit intérieurement et ferma les yeux. L'être surnaturel hurla de rage, déformant son visage, et s'évapora.

Quelque temps après, il fut distrait par une lointaine clameur. Un étrange et obscur brouillard s'avançait à vive allure, accompagné de cris inhumains. Le ciel s'obscurcit et la terre trembla quand de hideux soldats jaillirent des ténèbres. Moitié homme, moitié animal, certains avaient des queues de singe, d'autres des pattes de tigre, des oreilles d'éléphant ou des crocs acérés. Armés de haches, de javelots, de glaives ou d'arcs, il ne faisait aucun doute qu'ils désiraient massacrer le méditant. Ce dernier accepta de traverser la peur qui figeait son cœur pour découvrir l'autre rive de son âme. Il resta assis, calme face au danger. Alors toutes les flèches qui s'abattirent sur lui se transformèrent en fleurs de lotus. Aucune chimère ne réussit à lui porter un seul coup. Protégé par un bouclier invisible, il médita de nouveau et la menace disparut comme par enchantement. Le Prince n'entendit plus que le concert joyeux des ramages dans le parc.

Puis un homme se présenta : « Je suis honoré de faire ta connaissance. Le monde fait déjà tant d'éloges de ta personne. Tes gestes et tes paroles sont empreints d'une sagesse nouvelle. Pourtant, tu ne peux échapper à ma loi. Je suis le Maître de la vie et de la mort. Tu ne peux ignorer les bienfaits dont j'inonde la terre depuis l'aube de l'humanité. » Le Maître parla encore longuement. Chacune de ses paroles flattait le Prince pour le convaincre du bien-fondé de la souffrance, du plaisir, de la peur et de la mort. Mais le méditant n'écoutait plus. Sa soif de vérité était plus forte que tout. Il se remémora toute sa vie et la perçut comme le fruit de l'illusion et de l'ignorance. Il comprit que toutes les cohortes démoniaques avaient tenté de le ramener dans les ornières de son passé. D'une voix douce et paisible, il répondit au Maître : « Tout en toi est illusion et je te rejette. » Une lumière puissante illumina tout son être. Le

Maître de l'Illusion, démasqué, épuisé et vaincu, disparut. Ce jour-là, le Prince devint Bouddha, l'Éveillé.

Le chemin d'individuation

L'illumination du prince Siddhârta est un symbole d'individuation[1]. Le processus d'individuation est une clarification et un déconditionnement de l'être accédant à une réalité bien plus vaste que lui, le Soi, qui se compose du conscient, d'une part, et de l'inconscient, d'autre part. Cet accomplissement est inscrit en tout être humain.

La naissance miraculeuse de Siddhârta est un rappel du héros en nous, dimension contenue dans l'image de l'enfant intérieur. L'enfant héros est celui qui commence la quête d'individuation. Son image habite notre inconscient depuis des millénaires, que ce soit l'enfant Jésus, Bouddha et même Harry Potter, Frodon dans *Le Seigneur des anneaux* ou Luke Skywalker dans *Star Wars*. Tous ces enfants héros[2] ont un point commun : ils portent en germe toutes les ressources intérieures nécessaires pour réussir leur mission.

L'enfant héros sait qu'il devra sur sa route combattre

1. L'analyse suivante est avant tout psychologique. Ce n'est pas une approche fidèle à la pensée bouddhique. Aussi inspirante que puisse être la pensée orientale, elle ne peut qu'en partie éclairer le chemin propre à l'individuation occidentale.

2. Au début du *Seigneur des anneaux*, dans le premier volume, Frodon vient d'atteindre sa majorité mais son apparence et son comportement évoquent l'enfance : c'est un hobbit, créature de petite taille d'un naturel joyeux, aimant s'amuser et profiter de la vie.

l'ombre. Dans nos mythes anciens ou contemporains, l'ombre est figurée par une force à la fois extérieure à soi et pourtant si proche : Jésus est tenté à de nombreuses reprises par le diable, Frodon possède l'anneau de Sauron et lutte contre son emprise, Luke Skywalker se bat contre Dark Vador, qui se révèle être son père, et enfin Harry Potter porte sur le front la marque de Voldemort, qu'il finira par affronter. Dans « Le Prince et le Maître de l'Illusion », les premières paroles du nouveau-né sur le thème du « plus petit que le plus petit » illustrent le but de sa destinée : le dépouillement absolu qui mène à la vérité. La soif de vérité du héros l'encourage à éclairer l'ombre en lui. L'illumination de Bouddha se fait sous un figuier, un arbre identique à celui de sa naissance. Cette réminiscence de ses origines souligne que toute réalisation de soi procède d'abord d'un retour à soi pour faire la distinction entre le moi authentique et le moi conditionné.

Démasquer l'illusion

Siddhârta choisit le chemin de la contemplation pour découvrir sa vérité. Il est attaqué par de nombreuses créatures, ses démons intérieurs. Tous ses démons sont les diverses facettes du « Maître de la vie et de la mort », facettes qui symbolisent les constructions imaginaires que sont :

– l'attachement (le Prince est un instant tenté de posséder la belle créature qui s'offre à lui) ;

– la peur (l'armée de monstres mi-humains, mi-animaux qui le terrifient dans un premier temps) ;

– et les interdictions (le Maître de l'Illusion tente de le persuader que nul ne peut s'affranchir de la souffrance, du plaisir, de la peur et de la mort).

Bouddha l'emporte finalement en levant le voile de l'illusion. Il abandonne tout ce qui n'est pas lui pour emprunter son propre chemin et accéder à sa propre vérité : la souffrance est inhérente à l'existence humaine. La reconnaître permet de cheminer vers sa cessation et vers l'accomplissement de soi.

En naissant, chaque être humain s'adapte à un environnement. Pendant la phase d'identification, l'enfant construit sa personnalité en répondant aux attentes de sa famille, d'un groupe social, d'une société, d'une culture, d'une nation… Ce processus d'adaptation nécessaire enferme le moi dans des carapaces, sources de souffrances inévitables qui sont encore le fruit de l'illusion. Bouddha se libère de toutes les illusions. Il n'est plus le Prince dans le sens du héros en quête, mais l'Éveillé.

Abandonner l'ignorance

L'éveillé n'ignore plus la souffrance originelle qui réside au cœur de son être. Accéder à cette souffrance originelle est une ouverture à notre vérité la plus profonde et à notre humanité. Sans conscience de cette souffrance, l'être humain se coupe de toute empathie et de toute compassion. Deepak Chopra déclare : « Vous saurez tout de la motivation humaine quand vous aurez compris que quatre-vingt-dix-neuf pour cent de l'humanité passe quatre-vingt-dix-neuf pour cent de son temps à fuir des vérités douloureuses[1]. » C'est notre personnalité conditionnée et adaptée, notre faux moi, qui tente de fuir la souffrance originelle.

Devenir un être responsable, libre et autonome, conscient de ses besoins, être le bon parent de son enfant intérieur, est le premier pas vers sa vérité intérieure. Se défaire des carapaces illusoires qui cachent le véritable moi dont les vastes richesses restent inconscientes en est le second. L'unification de l'être d'où jaillit la lumière, telle que l'a connue Bouddha, est le résultat d'une exploration de l'inconscient qui « dévoile en fait et en vérité l'antique et intemporelle voie initiatique. [...] seul un *chevalier* [ou héros] risquera *la queste et l'aventure*[2] ». L'image du chevalier est un rappel de la primauté des vertus chevaleresques (le courage, la loyauté, la fidélité...) sur l'origine sociale. La chevalerie est ouverte à tous. Sa vertu centrale reste l'esprit d'aventure qui peut mener chacun sur la voie de l'accomplissement. Le chevalier suit une règle absolue : prendre les aventures comme elles arrivent, bonnes ou mauvaises. Sa route est tout sauf rectiligne, pourtant jamais il ne se perd ; il se découvre un peu plus à chaque pas. Avant d'être éveillés, acceptons notre tâche d'individuation, combattons le monstre de l'obscurité pour réintégrer tout ce qui demeure oublié, caché et craint par notre ignorance. Telle est la mission que nous souffle à l'oreille l'enfant héros en nous.

---

1. Deepak Chopra, *Comment connaître Dieu ?*, *op. cit.*, p. 119.
2. Lettre de Jung au Dr Bernhard Baur-Celio, *Correspondance 1906-1940*, t. I, Albin Michel, 1992.

De l'enfant adapté au faux moi

Les différents stades de l'adaptation

Nous sommes tous le fruit d'une adaptation naturelle[1]. La construction identitaire de l'enfant passe par une identification à des modèles (parents, enseignants, proches, parfois même célébrités...) qu'il intègre pour se forger une personnalité. Il n'y a là rien de plus nécessaire pour notre évolution vers l'état d'adulte. Mais nous vivons tous plus ou moins dans l'ignorance de nos blessures maîtresses de l'enfance. Ce refoulement est le terreau d'une illusion qui dissimule notre véritable nature. Nous ignorons l'enfant qui vit en nous et vivons dans la confusion, incapables de répondre à la question : « Qui suis-je profondément ? » Notre adaptation a été un conditionnement partiellement mortifiant, nous obligeant à renier nos plus belles ressources. Examinons maintenant les différentes étapes d'adaptation qui ont mené à la naissance d'un faux moi.

Premier stade : l'assujettissement aux sentiments toxiques. En venant au monde, l'enfant est en contact avec son essence

---

1. Cette analyse s'inspire partiellement des stades de mystification élaborés par John Bradshaw dans *Le Défi de l'amour – Aimer de toute son âme,* Montréal, Éditions de l'Homme, 2004, p. 101-174. Nous y ajoutons, entre autres, la distinction que nous établissons entre l'enfant intérieur et l'enfant adapté.

mais certains de ses besoins sont rapidement niés. Il en résulte une rupture avec son potentiel et une mortification. Peu à peu, des sentiments toxiques dont la honte est le socle l'empoisonnent. Adultes, meurtris sans le savoir, nos capacités d'imaginer, de ressentir, de penser et de créer sont assujetties à ces poisons. Honte, culpabilité, abandon et impuissance sont en quelque sorte le système sanguin de notre moi adapté. Par exemple, lorsque nous sommes ligotés par la honte, nous nous déprécions sans forcément nous en rendre compte. Nous pensons tout naturellement être des incapables ou des usurpateurs générant ainsi des comportements d'échec qui nourrissent le cercle vicieux de notre honte toxique. Notre estime de soi est profondément atteinte et nous perdons le contact avec notre être véritable. Ce lien rompu avec soi explique souvent l'impuissance qui s'abat sur nous. Alors nos capacités de choix, de décision et d'action sont paralysées lorsque nous voulons œuvrer pour notre bien-être. Annie, secrétaire d'une quarantaine d'années, témoigne :

> *À chaque fois que mon patron est incorrect ou irrespectueux avec moi, je suis dans l'incapacité de répondre et de me défendre. Je me sens nulle. Je suis complètement paralysée, même quand je suis dans mon bon droit.*

Deuxième stade : les défenses du moi. Notre être profond ne peut pas être détruit, seulement blessé. Il réagit à toutes les formes d'agression en utilisant ce que Freud a appelé les « défenses primaires du moi ». Il se protège naturellement de la souffrance en refoulant ce qui l'a meurtri. C'est pourquoi nombre d'adultes ignorent qu'un enfant blessé, aspirant à la libération, se cache en eux. Cet enfant utilise le refoulement pour survivre à tout ce qu'il perçoit comme douloureux. Adultes, nous déclenchons cette défense dans des situations traumatisantes et le plus souvent dans des circonstances en apparence anodines qui réveillent nos blessures inconscientes. Nous sommes alors l'objet d'une transe profonde qui se caractérise par des états régressifs où nous perdons temporairement le contrôle de nous-mêmes sans que nous en ayons conscience. Ces états obéissent à des réflexes de survie programmés depuis la petite enfance. Destinée à nous protéger de la souffrance, la transe profonde nous anesthésie et nous coupe de la réalité. Dans un laps de temps imperceptible, nos blessures de l'enfance sont réactivées puis refoulées à nouveau, tant que notre conscience n'accepte pas de les intégrer[1]. Nous sommes encore victimes de l'ignorance et de l'illusion quand nous cherchons un bouc émissaire à notre malaise. Choisirons-nous à cet effet notre patron, notre collègue, notre partenaire ou notre enfant ? Pourtant aucun d'entre eux n'est le responsable. L'autre est seulement un miroir, un protagoniste malgré lui de notre scénario de vie mystifié.

Troisième stade : les scénarios de vie. Tout ce qui nous a offensés dans l'enfance reste gravé dans notre mémoire et contamine notre vie relationnelle. Les scènes mortifiantes de notre enfance forment des familles en fonction de la

1. Pour plus de détails sur les états régressifs caractérisant la transe profonde, voir *S'ouvrir à son cœur d'enfant*, *op. cit.*, p. 308-311.

blessure maîtresse à laquelle elles sont le plus reliées. Ces familles créent des paysages vivants dans notre monde intérieur. Comme un extrait de film, chaque paysage est joué en boucle et constitue un scénario de vie, c'est-à-dire un système étriqué de pensées, sentiments et actions qui se manifestent dans notre quotidien. Lorsque nos besoins essentiels sont insatisfaits, nous agissons en suivant le scénario de vie tel qu'il a été figé dans l'enfance. Nous avons l'illusion que ces scénarios sont efficaces et épanouissants. Ils sont en fait de parfaits produits du conditionnement de l'enfance. Nous justifions leur bien-fondé en nous référant à des événements qui ont confirmé leur crédibilité et leur validité.

Odette, quarante-six ans, justifiait un jour son extrême passivité dans ses relations amoureuses en arguant que tous les hommes étaient des dominateurs. Il ne pouvait, selon elle, en être autrement. Elle avait « toujours » rencontré des hommes machistes qui la dominaient. Elle en souffrait mais c'était ainsi. Son attitude était la réplique du scénario bien huilé qu'elle avait adopté inconsciemment enfant face à un « père extrêmement autoritaire et effrayant ». Ses diverses rencontres amoureuses n'avaient fait que renforcer ses croyances : « Les hommes sont dominateurs » (comme son père qu'elle vénérait par ailleurs), « Il ne faut surtout pas réagir pour ne pas attiser leur colère » (elle avait assisté à des scènes violentes où son père frappait sa mère), « Il faut se soumettre pour être aimée ». Nous pouvons repérer dans le fonctionnement d'Odette tous les ingrédients de l'illusion : l'attachement, la peur et l'interdiction.

Les auteurs Richard Erskine et Janet Moursund déclarent : « Le système du scénario sert de défense contre la conscience de vécus, besoins et émotions de l'enfance, tout en étant simultanément la répétition du passé[1]. » Voilà qui peut sembler un étrange paradoxe. Nous réactualisons nos blessures de l'enfance dans notre vie quotidienne pour mieux les refouler. C'est notre positionnement vis-à-vis de ce fonctionnement qui fait toute la différence. Soit nous croyons que les situations présentes n'ont aucun lien avec notre vécu d'enfant et nous perpétuons le refoulement, soit nous acceptons de reconnaître l'opportunité qui nous est offerte de nous réconcilier avec notre enfant intérieur blessé en créant de nouveaux scénarios de vie plus sains et plus gratifiants.

Quatrième stade : la dissimulation. Notre moi authentique est capable de dissimulation pour survivre. Il se retranche au plus profond de notre être. Notre enfant blessé est enfermé dans une malle rangée soigneusement dans notre grenier intérieur. L'enfant intérieur a l'incroyable capacité de rester invisible si nos intentions ne sont pas mues par une volonté de le libérer et de le guérir. À ce jour, cet enfant est encore largement incompris par ceux qui affirment qu'il est à l'origine de nos maux d'adulte. Les termes utilisés à son égard sont sans appel : infantile, puéril, immature, saboteur, persécuteur, séquestreur, sombre, etc. Il n'est pas étonnant que notre enfant intérieur nous évite. Il se terre mais il n'est pas nocif, seulement blessé et apeuré. Quant à l'adulte, il se perd dans un fonctionnement sclérosant et nie sa vérité

1. Richard Erskine, Janet Moursund, *Reprendre contact avec l'enfant intérieur*, *op. cit.*, p. 37.

intérieure. Il vit à côté de son âme en n'étant qu'une moitié de lui-même. Il est infantile en restant le jouet de l'ignorance et de l'illusion.

Notre enfant intérieur a besoin d'un foyer chaleureux et sécurisant pour que nous accédions à notre propre lumière. Lorsqu'il n'est pas accueilli avec tous les égards qu'il mérite, l'enfant intérieur blessé laisse la place à un comédien qui interprète le rôle principal dans nos paysages intérieurs mystifiés, c'est l'enfant adapté. Celui-ci n'est qu'un masque qui se substitue à l'enfant intérieur pour le dissimuler tant que notre perception n'est pas *juste* dans le sens bouddhique de « qui demeure dans la vérité ».

L'enfant adapté en soi

L'enfant adapté n'est pas notre enfant intérieur. Il n'est qu'un masque recouvrant notre véritable moi. Il dupe et trompe l'adulte en le plongeant dans le brouillard et le déni de sa vérité intérieure. Dès qu'il prend les rênes, il est le fervent défenseur de l'idéalisation de l'enfance. Il fuit toute souffrance et entraîne la construction d'un moi adulte mystifié.

L'enfant adapté en nous est pétri de honte et de culpabilité. Il se sent toujours abandonné, d'où son attachement pathogène au passé et aux images parentales. Il est fragile, impuissant et tourne toutes ses espérances vers l'extérieur. Incapable de faire face à une quelconque frustration, il peut même devenir tyrannique, colérique et exiger tout et tout de suite. Il est le personnage principal de nos scénarios de vie sclérosés. Il revendique inlassablement auprès de ses parents ou substituts parentaux ce qui lui a tant manqué.

Il a fait sienne la croyance que « pour être aimé, il ne faut pas être soi ». Il est le fruit de notre processus d'adaptation mortifère. Il se place régulièrement en victime et il ignore ce qu'est l'amour authentique. Il demeure fidèle aux parents qui restent ainsi au-delà de tout soupçon. Il obéit sans retenue aux messages parentaux intériorisés qui commandent sa vie en lui dictant qui il est, ce qu'il doit sentir ou faire, dans le fol espoir d'être un jour aimé totalement. Rêve impossible et illusoire. En laissant une trop grande place à l'enfant adapté, l'adulte se leurre et se condamne à vivre des expériences bien plus douloureuses que la souffrance originelle qu'il cherche à éviter.

Le faux moi

L'enfant intérieur est trop effrayé pour se montrer tel qu'il est. Il porte donc un masque, celui de l'enfant adapté. Ce dernier n'a pas de consistance réelle. Pourtant, nombre d'entre nous ont la plus grande difficulté à dissocier ce fonctionnement de leur moi authentique. Cette confusion reste inconsciente puisque nous refusons de laisser s'exprimer notre enfant intérieur, notre moi authentique. Le meilleur moyen de démasquer notre faux moi est de prendre conscience de tous les aspects du fonctionnement qui mortifie notre être.

Jacqueline, cinquante ans, a choisi de faire un stage sur

l'enfant intérieur parce qu'elle est « mal » et qu'elle « veut rencontrer des gens ». Ce qui frappe immédiatement, c'est la logorrhée dont elle est atteinte. Elle parle continuellement et pose des questions dont elle attend toujours une réponse immédiate et précise. Elle souffre, selon elle, du rejet des autres, qui ne la comprennent pas et qui peuvent même être très méchants à son égard. Elle vit ce rejet d'autant plus mal qu'elle affirme passer son temps à faire plaisir à tout le monde :

J'ai toujours un mot gentil pour chaque personne que je rencontre. Je prends toujours soin de les appeler par leur prénom. Je suis bien plus attentionnée que la plupart des gens et pourtant je suis sans cesse confrontée à l'ingratitude [...]. Je suis profondément humaniste.

Lors d'un exercice où la consigne est de garder le silence, elle explose :

J'ai besoin de parler. J'ai besoin de raconter ma vie parce que ma souffrance est bien pire que la vôtre. Si vous saviez ce que j'ai subi, enfant, vous m'aimeriez davantage.

Ces derniers mots dévoilent sa profonde revendication. Sa logorrhée dissimule un message invisible pouvant se résumer à « Aimez-moi, reconnaissez-moi et occupez-vous de moi ».

Jacqueline illustre bien le cas typique d'un individu noyé dans son faux moi. Sa personnalité s'est élaborée sur la dissimulation du moi authentique et l'identification à un fonctionnement mystifié. Un individu très mystifié n'a généralement pas de réelle considération pour les autres. Il les perçoit davantage comme des objets et non comme des sujets. L'autre est simplement un moyen de répondre aux demandes de son enfant adapté. Malgré les apparences trompeuses, il ne peut y avoir dans ce cas de don de soi car il n'y a pas de soi. L'individu mystifié feint de donner pour recevoir. Il ne tolère aucune frustration et ne supporte pas de faire face à la vérité de son passé. Sa détresse peut nous émouvoir mais elle provient de son dysfonctionnement (qui génère insatisfaction, rejet, ingratitude, incompréhension…). Cette souffrance illusoire qui dissimule la souffrance originelle est toujours plus douloureuse que la vérité. Enfin, l'individu mystifié présente soit une image dégradée de lui-même (la victime, le mauvais, le nul…), soit une image grandiose (le meilleur, le puissant, le bon…). Il se perçoit comme moins qu'humain ou plus qu'humain, ne réussissant pas à sortir d'une identité fictive qui, selon John Bradshaw, « donne le sentiment d'échapper à la confusion alors que, en réalité, elle ne fait que la dissimuler. […] Plutôt que d'affronter et de résoudre le dilemme – qui se résume à *C'est lorsque je ne suis pas moi-même qu'on m'aime le plus* ou *J'ignore qui je suis* –, le faux moi passe au dernier niveau de mystification. À ce niveau, soit *je ne sais pas que je ne sais pas qui je suis*, soit *je pense savoir qui je suis, mais en réalité je ne le sais pas*[1] ». À ce stade, l'illusion et l'ignorance sont totales, mais gardons toujours à l'esprit qu'au-delà des apparences il existe un

1. John Bradshaw, *Le Défi de l'amour*, *op. cit.*, p. 162.

moi authentique peut-être inaccessible pour le moment mais intact. L'oublier serait participer à la confusion entre le vrai moi et le faux moi ; cela reviendrait à assimiler un être à son fonctionnement mystifié.

Il est essentiel de ne pas être dupe de son masque pour pouvoir l'ôter. Explorons ainsi les principales carapaces illusoires qui trahissent l'action du faux moi.

Première carapace : les croyances limitatives

Les injonctions des images parentales

L'enfant fait sien tout ce qui vient de l'extérieur. Il introjecte, c'est-à-dire qu'il internalise inconsciemment des pensées, des sentiments, des paroles ou des actes qui ne lui appartiennent pas. Il met de côté ce qui le blesse et perd tout contact avec ces éléments mortifiants. C'est le refoulement, la perte de contact et donc de conscience, qui donne toute leur puissance à ces images introjectées. Carole se souvient que, dans son enfance, elle a toujours vu sa mère très inquiète lorsque son père rentrait en retard à la maison. Elle était angoissée, se mettait à la fenêtre pour le guetter et faisait les cent pas dans l'appartement en lâchant des phrases comme « Ce n'est pas normal, il a dû arriver quelque chose à ton père », « Il a sans doute eu un accident » ou « Le téléphone va sonner et ce sera une mauvaise nouvelle ». Aujourd'hui,

Carole répète le même comportement lorsque ses enfants ou son mari ne sont pas à l'heure. Elle entend dans sa tête, malgré elle, les phrases entendues dans son enfance.

Les images parentales émettent un jugement sur ce que nous sommes et nous ordonnent ce que nous devons penser et faire. Adultes, nous leur obéissons tant que nous laissons œuvrer notre enfant adapté qui espère vainement que son parent va l'aimer « coûte que coûte ». C'est de notre responsabilité d'adulte de lui signifier que personne ne viendra le libérer du labyrinthe où il a grandi. Cette mystification continue de se perpétuer de génération en génération par la prégnance dans chaque être humain d'un mensonge personnel.

Le mensonge personnel

Le mensonge personnel est la croyance la plus négative et la plus dévalorisante que nous avons sur nous-mêmes et qui dirige notre vie à notre insu. Ce mensonge personnel, quelle que soit sa formulation – « Je ne suis pas à la hauteur », « Je ne vaux rien », « Je ne mérite pas d'être aimé », etc. –, se rapporte fondamentalement à l'enfant adapté. Il est le produit de la honte toxique qui nous persuade que nous sommes déficients. Inconsciemment, nous conservons ce mensonge pour rester fidèles à nos parents et à nos aïeux, qui ne se sont pas autorisés à être eux-mêmes.

Dans le mythe ancien, Minos le puissant roi de Crète refuse d'obéir au dieu Poséidon qui lui intime l'ordre d'immoler un magnifique taureau blanc dont il lui a fait cadeau. Pour châtiment, sa femme la reine Pasiphaé s'éprend d'un taureau. De cette union contre nature naît Astérion le Minotaure. Homme à tête de taureau, cette créature effrayante est cachée dans le labyrinthe de Dédale. Seul Thésée réussit à tuer le monstre et à sortir du labyrinthe grâce au fil d'Ariane.

Le Minotaure est la représentation du faux moi. Les sacrifices consentis au monstre (sept jeunes hommes et sept jeunes filles donnés en pâture tous les neuf ans) sont destinés à empêcher la vérité d'éclater. Finalement, le héros Thésée terrasse symboliquement sa fausse personnalité pour revenir à la lumière grâce à Ariane qui personnifie son essence spirituelle. Le mythe du Minotaure est une métaphore du combat contre le refoulement et contre le mensonge personnel qui est au cœur de notre moi mystifié. Ce mensonge vise à nous convaincre que notre nature profonde est monstrueuse puisque nous croyons ne pas mériter l'amour de nos parents. En reconnaissant les déficiences de nos parents, nous conscientisons (ce qui est l'opposé de l'introjection) l'enfant adapté et le mensonge qu'il défend. L'enfant adapté n'est plus une ombre dissimulant notre enfant intérieur puisqu'il est éclairé. Nous savons qui il est et, ainsi, il ne peut plus nous nuire. Nous nous retrouvons enfin face à nous-mêmes.

La part d'enfance en soi

Toutes les croyances limitatives sont la conséquence du mensonge personnel dont le but essentiel est de refuser à chacun un droit élémentaire, le droit d'accéder à sa part d'enfance.

François, trente-huit ans, est issu d'une grande famille de la bourgeoisie. Il est très attaché aux valeurs de son milieu et se sent le devoir de les perpétuer :

C'est une lourde tâche mais elle est nécessaire.

Lors d'un atelier sur l'enfant intérieur, François s'étonne poliment de l'importance « tout de même infantile » accordée à la peluche câline[1]. Il énumère alors quelques-unes de ses croyances limitatives à propos de l'identité masculine et de l'état d'adulte : « Un homme doit être fort et ne pas montrer ses émotions », « Un adulte n'a pas de temps à perdre avec des enfantillages ». Puis, au cours de la journée, il finit par confier :

Jusqu'à sept ans, j'avais un ours en peluche que j'adorais. Un jour, une tante très sévère fit la réflexion, devant ma mère, qu'un garçon ne devait pas avoir de peluche. Ce jour-là, j'ai rangé mon ours dans un placard et je n'ai plus jamais joué avec.

François ne semble pas peiné par cette histoire. À la question, « Pourquoi as-tu pris cette décision ? », il répond :

1. La peluche câline est un outil de guérison étonnant permettant d'entrer en communication avec son enfant intérieur. Elle est un excellent moyen d'apprendre à être un bon parent pour soi. Il s'agit de choisir, adulte, une nouvelle peluche symbolisant son enfant intérieur pour en prendre soin et s'en occuper.

Ma mère pensait que cela n'était pas convenable d'avoir un ours.

Quelques semaines plus tard, il participe à un nouvel atelier et témoigne :

J'ai parlé à ma mère de l'épisode de l'ours en peluche. Elle a été très étonnée que j'aie pu obéir à cette vieille tante aigrie. Elle n'a pas compris.

François travaille ensuite sur son mensonge personnel, qu'il résume en ces termes : « Je ne dois pas être moi-même. »

Enfant, François a interprété le silence de sa mère, face à la remarque de sa tante, comme un acquiescement implicite. Il a fait sienne la croyance que pour être un homme, il faut abandonner son ours en peluche. Cet événement et tant d'autres lui ont fait sentir qu'il fallait rapidement devenir un homme. Depuis, il s'est soumis à une série d'injonctions parentales qui lui dictaient comment être un homme. Son mensonge personnel reflète le dénigrement de l'enfance dans une famille où « les enfants ne comptaient pas ». Chez François, l'émotion, l'enfantin ou la fantaisie représentent une menace pour l'image qu'il a de sa propre virilité. C'est une part de sa féminité qu'il n'assume pas et qu'il rejette.

Le mensonge personnel et les croyances limitatives sont, même de façon imperceptible, des violations de la part d'enfance en soi et participent au blocage de la créativité.

Nos forces d'enfant tel le jeu ou l'innocence sont ainsi immolées sur l'autel d'une vision normative et étriquée de l'état d'adulte.

Recréation :
choisir de nouvelles affirmations de vie

En choisissant chaque jour d'avoir des pensées positives qui vous font du bien, votre quotidien s'améliorera peu à peu. Les affirmations sont des armes puissantes pour créer du neuf dans votre vie. En voici quelques-unes :

- Je m'aime et je m'accepte tel que je suis.
- Quelle que soit la situation, je suis à la hauteur.
- Chaque jour, je me respecte et j'exprime qui je suis.
- Je suis en sécurité.
- Je suis capable de répondre à tous mes besoins essentiels.
- Je suis digne d'amour.
- Je suis créatif et j'exprime mon génie naturel, etc.

Vous allez transformer vos croyances limitatives en affirmations positives nourrissantes. Avec de la peinture ou des crayons de couleur, écrivez vos affirmations sur une grande feuille blanche et affichez-les chez vous de façon à les relire régulièrement. Par cet acte, vous déclarez haut et fort qu'il en est ainsi !

Deuxième carapace : les émotions perturbatrices

La dépendance émotionnelle

Notre vision du monde est subjective. Elle dépend de nos paysages intérieurs qui sont, en quelque sorte, les cartes routières de notre vie. Nous ignorons souvent qu'un grand nombre de ces cartes sont anciennes, erronées ou incomplètes et nous n'essayons pas de nous en procurer de nouvelles. Notre perception de la réalité s'appuie majoritairement sur nos expériences antérieures. Au cœur de chacune d'elles survivent nos émotions passées. Tout ce qui existe en nous comporte une dimension émotionnelle, moteur de notre évolution. C'est la raison pour laquelle nous écartons naturellement tout ce qui nous semble dénué d'émotion et rejetons un certain nombre d'expériences fondées sur des émotions inconnues ou rarement activées.

Ce fonctionnement humain explique les schémas de répétition qui se basent sur la reconnaissance émotionnelle d'une situation aussi blessante et nocive soit-elle. Comme nous n'avons que quelques cartes routières avec les mêmes émotions du passé pour nous guider, nous recommençons inlassablement les mêmes erreurs. La reconnaissance puis la répétition émotionnelles conduisent souvent à une dépendance. De façon schématique, nous pouvons dire que si nous nous nourrissons de peur, notre organisme nous en réclamera de plus en plus. Nos émotions sont le fruit de substances chimiques dont les effets sur nos cellules sont très puissants. Nous sommes parfois inconsciemment tentés d'opter pour des choix stimulant la production de ces substances même si elles sont sources de stress et de malaise. Dans une certaine mesure, nous sommes « accros » aux émotions, d'où l'importance de choisir celles qui vont générer du bien-être et de l'équilibre.

Notre difficulté à nous dissocier d'un état émotionnel récurrent démontre que nous sommes sous le joug d'une émotion perturbatrice. Certains d'entre nous n'expriment plus une tristesse ou une colère normale mais ils *sont* la tristesse ou la colère. L'émotion les submerge et instrumentalise leur façon d'être et d'agir dans de nombreuses situations. Elle devient un trait majeur de leur personnalité comme une seconde nature quasi incontrôlable.

La dépendance émotionnelle est le signe d'une résurgence du passé. Une émotion ancienne n'a pas été digérée et notre enfant adapté reste figé dans un état émotionnel qu'il connaît et dont il tire un sentiment illusoire de sécurité ou d'amour. L'exemple de Véronique est à ce propos édifiant. Cette femme d'une trentaine d'années est profondément révoltée. Elle veut changer le monde et se met régulièrement en colère à son travail et avec ses amis. Elle est perçue comme une personne agressive et elle en souffre. À treize ans, elle a été victime d'un viol. Elle est consciente des répercussions dramatiques de ce traumatisme dans sa vie mais, malgré plusieurs tentatives, elle ne parvient pas à communiquer avec son enfant intérieur blessé pour découvrir sa vérité intérieure. Elle reste attachée à son enfant adapté, une victime en attente de justice. Elle est guidée par un paysage intérieur mystifié où l'enfant victime et la colère dominent. En étant régulièrement en colère, elle a l'illusion de se défendre, pourtant elle rencontre sans cesse des hommes qui ne la respectent pas. En ne reprenant pas contact avec son enfant intérieur qui, lui, exprime toujours des émotions authentiques, que ce soit de joie ou de douleur, elle ne se libère pas des émotions perturbatrices de son enfant adapté et perpétue subtilement une forme de maltraitance à son égard. C'est malheureusement à ce jour la seule carte routière qu'elle utilise pour conduire sa vie. Comme nous le verrons plus loin, il est possible d'échapper à ce fonctionnement.

La dépendance émotionnelle s'installe lorsque nous ne dialoguons pas avec notre état émotionnel pour en connaître les tenants et les aboutissants. Un paysage intérieur dominé par une émotion perturbatrice sert de paravent à notre être profond. Deepak Chopra affirme que « nos émotions ont une signification spirituelle[1] ». Elles sont un précieux outil pour toucher notre vérité spirituelle et ainsi nous détacher de notre faux moi construit pour rester conformes.

La vie est un gigantesque festin où toutes les nourritures émotionnelles possibles sont à notre disposition. Malgré nos habitudes, nous pouvons opter pour un autre menu et de nouvelles expériences.

L'art de se parler à soi-même

L'art de se parler à soi-même est une approche essentielle dans le travail sur l'enfant intérieur. L'adulte qui entre en

1. Deepak Chopra, *Comment connaître Dieu*, *op. cit.*, p. 213.

communication avec son intériorité utilise une incroyable force de l'enfant, l'imagination. Toute la vie et le travail de Jung ont été marqués par une faculté hors du commun à se parler à soi-même en inventant ses interlocuteurs, hôtes de son monde intérieur. Il expliquait : « Il faut se cultiver dans l'art de se parler à soi-même, au sein de l'affect, et [...] utiliser celui-ci, en tant que cadre de dialogue, comme si l'affect était précisément un interlocuteur qu'il faut laisser se manifester, en faisant abstraction de tout esprit critique. Mais ceci une fois accompli, l'émotion ayant en quelque sorte jeté son venin, il faut alors consciencieusement soupeser ses dires comme s'il s'agissait d'affirmations énoncées par un être qui nous est proche et cher[1]. »

Le fait d'exprimer nos émotions ne signifie pas forcément que nous sommes vrais, mais nos émotions méritent d'être considérées comme des messagères. Elles permettent de faire la lumière sur notre vérité intérieure. Le fait d'explorer leur signification nous rend plus authentiques et libres.

Les monstres du placard

L'originalité du travail sur l'enfant intérieur offre l'incroyable opportunité de communiquer avec une émotion centrale chez l'être humain, la peur. Cette émotion naturelle a pour fonction notre survie mais, adultes, nous sommes parfois la proie de peurs fantasmatiques, sources

1. C.G. Jung, *Dialectique du moi et de l'inconscient*, *op. cit.*, p. 174.

d'angoisses, d'anxiété et de stress. Ces peurs, dont l'origine semble la plupart du temps obscure, sont le symptôme d'un blocage de notre élan créateur. Il est rarement efficace de lutter ouvertement contre une peur. Elle risque de se renforcer ou de disparaître… pour en laisser une autre prendre sa place.

Les peurs fantasmatiques trouvent majoritairement leurs racines dans les monstres du placard de l'enfance. « Quels monstres ? » répliqueront certains. Ceux qui peuplaient notre imaginaire d'enfants et que nous avons le plus souvent oubliés. Dissimulés dans un placard, dans le tiroir d'une commode ou sous notre lit, ils sont une clef fabuleuse pour lever nombre de nos peurs d'adultes. Nathalie est une jeune femme charmante et vivante. À trente-trois ans, elle déborde d'énergie et de projets ; pourtant sa vie est gâchée par une peur irrationnelle, la peur des araignées. Sa phobie empire au point que, dans les crises les plus fortes, elle a des hallucinations : elle voit des araignées envahir son appartement. Ce symptôme l'inquiète. Lors d'un stage consacré aux monstres du placard, elle découvre que le monstre de son enfance était une gigantesque araignée[1]. Elle l'avait complètement occultée. Après l'avoir dessinée avec sa main non directrice (ce qui permet à l'enfant intérieur de s'exprimer), elle discute avec elle. Cette araignée lui remémore des épisodes douloureux de son enfance. Son père alcoolique s'absentait régulièrement en soirée. Sa mère vivait dans la hantise de le

1. Le lien entre nos peurs d'adulte et nos monstres de l'enfance n'est pas toujours aussi évident.

voir revenir ivre car, dans cet état, il était verbalement violent. La petite Nathalie ressentait la même angoisse que sa mère. Elle comprend, en laissant son monstre de l'enfance s'exprimer, qu'enfant, elle était symboliquement prisonnière d'une toile d'araignée : entre son père et sa mère, elle était totalement insécurisée et terrifiée. Aujourd'hui, la phobie de Nathalie a disparu. Elle s'est réconciliée avec son monstre du placard.

Frédéric s'est souvenu de ses trois monstres à l'âge de trente-six ans. Ils vivaient dans le placard situé en face de son lit. Le premier était un homme écrasé par un rouleau compresseur, le second n'avait pas de tête et le dernier perdait son sang par tous les orifices de son corps. Ces visions l'effrayaient enfant mais, avec le temps, il constata que ses monstres ne l'attaquaient pas. Que voulaient-ils exactement ? Il commença à leur parler, à les apprivoiser et ainsi amadoua sa peur. Ses monstres devinrent ses amis et protecteurs. Adulte, il décida de les retrouver pour connaître enfin ce qu'ils symbolisaient. La rencontre fut très émouvante. Chacun d'eux lui dévoila un pan de sa vérité intérieure. Le premier déclara : « La relation avec ta mère t'écrasait », le second confia : « Tu n'avais pas le droit de voir, d'entendre ou d'exprimer ta vérité », enfin le troisième ajouta : « Toute ton énergie de vie s'échappait et n'était plus à ton service. » Ces révélations ne furent pas surprenantes pour Frédéric qui avait entamé une psychothérapie depuis plusieurs années, mais il avoua :

Je me sens libéré et encore plus en paix avec cette vérité de mon enfance. Aussi douloureuse fût-elle, je sais aujourd'hui que j'avais des amis, certes monstrueux, mais ils m'ont permis de sauver une part essentielle de moi-même.

Nous avons tous eu des monstres, compagnons effrayants devenus parfois les amis de notre enfance. Derrière chaque peur fantasmatique et étouffante de l'adulte se tapit un monstre de l'enfance, souvenir d'un échafaudage psychique protecteur. Il nous attend et nous force parfois la main pour que nous assumions notre désir de lever le voile sur notre vérité intérieure. Tous nos monstres délivrent un message. S'entretenir avec son monstre est d'une grande efficacité. C'est le moyen de rétablir une communication enfantine, riche et imagée avec son inconscient, une manière saine d'apprendre à se confronter aux deux peurs fondamentales et ataviques qui caractérisent notre nature humaine, la peur d'être séparé et la peur de disparaître.

Ces deux peurs sont ancrées en nous dès notre conception et nos blessures maîtresses de l'enfance les consolident. Elles sont les deux piliers d'une seule et unique peur que nous devrons tous un jour affronter, la peur de mourir. Sur ce point, il est indéniable que les enfants sont nos maîtres et qu'ils sont une source d'inspiration sans faille pour récupérer cette force que possède toujours notre enfant intérieur, l'art de parler aux monstres et de traverser les peurs. Lorsque, adultes, nous renouons avec un monstre de l'enfance, nous vivons une expérience initiatique. Les monstres existent depuis l'aube de l'humanité et sont le symbole d'une forme de chaos précédant la création. Le travail thérapeutique sur les monstres du placard permet la réintégration d'un état embryonnaire où nous nous confrontons symboliquement à la peur de mourir. Du contact avec cet inconscient, nous sortons régénérés et revivifiés. Cette aventure peut engendrer un nouveau mode d'être.

Troisième carapace : les rôles rigides

La fonction du rôle rigide

Dès son plus jeune âge, l'enfant s'adapte à un système familial plus ou moins dysfonctionnel où chacun a un rôle, une fonction qui donne un sens mystifié à son existence. Chaque rôle participe à l'équilibre familial sur la base du refoulement de tout ce qui est cause de souffrances. Violences, dépendances, décès, maladies, etc. sont le lot de la plupart des familles et leurs conséquences invisibles se répercutent le plus souvent de génération en génération. Une famille est semblable à un mobile tel qu'on peut en trouver dans les chambres d'enfant. Chaque membre est un élément relié par un fil à l'ensemble du jeu. Si l'un d'eux bouge, c'est le tout qui vacille. Les rôles rigides sont destinés à maintenir chaque individu dans une identité fictive au service des besoins figés de la famille. Les besoins essentiels, les aspirations et les rêves personnels sont en grande partie relayés au second plan. Plus une famille est dysfonctionnelle, plus les rôles imposés sont réducteurs et mortifiants.

C'est dans ce contexte que l'enfant adopte un rôle : le sauveur, le sacrifié, le chanceux, le cancre, l'intelligent, le souffreteux, le bouc émissaire, l'égoïste, le révolté, le pitre, le consolateur… De leur côté, les parents s'identifient aussi à un rôle : la copine, le saint, l'arbitre, la sacrifiée, l'adjudant, le superépoux, la superwoman, le parent parfait, l'absent, la mère poule… La liste des rôles est interminable. Ils interagissent entre eux et peuvent évoluer. Au départ, le rôle procure un sentiment d'identité, de structure et d'appartenance mais, à la longue il est une négation de l'individualité, de l'unicité de l'individu.

Adultes, nous conservons souvent le même rôle dans notre famille. Nous en adoptons parfois de nouveaux dans notre travail, notre vie affective…, sans nous rendre compte que nous aggravons la rupture d'avec notre vrai moi. Plus nous nous confondons avec un rôle plus il devient rigide. Mais quels que soient les bénéfices secondaires que nous en tirons, notre performance d'acteur reste d'une grande pauvreté face à l'étendue de nos richesses intérieures inexploitées. Et, plus important, les rôles sont inefficaces. Ils ne parviennent nullement à combler nos besoins véritables et creusent en nous un vide.

Marilyn Monroe ou l'insatiable quête d'amour

La vie de la célèbre actrice américaine Marilyn Monroe, dont le véritable nom est Norma Jean Baker, illustre particulièrement l'identification à un faux moi. Considérée comme l'une des plus belles et des plus séduisantes femmes de son époque, elle sait en profiter pour lancer sa carrière mais, en dépit de son immense succès, elle ne s'aime pas. Elle n'accepte de jouer ce rôle de sex-symbol que dans un seul espoir : obtenir la considération et l'affection qui lui ont tant fait défaut dans son enfance. L'image de la blonde sexy, créée et magnifiée dans ce seul but, ne manque pas d'être source de souffrances pour elle. Lorsque en 1953 elle reçoit le prix de la meilleure vedette de l'année, elle est ravie à l'idée de rencontrer son idole, Joan Crawford, très influente à l'époque, mais celle-ci l'ignore royalement. Le lendemain cette dernière fait un commentaire de cette soirée dans la presse et, évoquant Marilyn, elle a ces mots cruels et lapidaires : « Ce n'est qu'un monstre, une maniaque du sexe, un danger public, une sordide putain[1]... » Ce qui devait être une reconnaissance d'Hollywood se transforme pour Marilyn en une terrible humiliation. Norma Jean s'est souvent cachée derrière l'image de Marilyn au risque d'être incomprise ou rejetée pour fuir l'insoutenable souffrance de son enfance.

Enfant non désirée, elle est abandonnée par sa mère lorsqu'elle est bébé et n'a jamais vraiment su qui était son père. Elle est placée dans un orphelinat puis dans divers foyers. Dans une des familles d'accueil, son père adoptif la viole et elle tombe enceinte. Son enfant lui est retiré dès la naissance et elle ne le reverra jamais. L'année suivante, elle est de nouveau abusée sexuellement par son cousin. Le profond et cruel manque d'amour ressenti dans l'enfance, l'abandon par ses parents et les viols ont durablement détérioré l'image

1. Cité par Lana Pepitone, William Stadiem et Maurice Hakim, *Marilyn secrète*, Pygmalion, 1979, p. 105.

qu'elle avait d'elle-même. Elle se sentait souvent coupable et souffrait d'un intense manque d'estime de soi. L'image de la blonde sexy lui a permis d'être adulée par des millions de personnes. Elle a adopté ce masque illusoire, ce rôle rigide, espérant combler les manques de son enfance, mais cela n'a pallié en rien son manque d'amour de soi.

Une scène de son dernier film inachevé, *Something's Got to Give* (*Quelque chose doit craquer*, titre prémonitoire !) de George Cukor, figure son insatiable quête d'amour. Marilyn doit plonger dans une piscine avec un maillot de bain couleur chair, mais elle décide au dernier moment d'être entièrement nue, ce qui est inimaginable à l'époque et totalement inédit au cinéma. Cette célèbre scène nue est pour elle une façon d'affirmer qu'elle est toujours aussi désirable et digne d'amour. Plus profondément, en assumant la nudité qui symbolise l'innocence et l'authenticité, elle cherche à renaître à elle-même[1]. Mais une fois de plus, Norma Jean vit uniquement à travers Marilyn et le cinéma.

La mort prématurée et tragique de Marilyn sonne la fin de Norma Jean qui s'est gommée toute sa vie pour créer une autre image d'elle afin d'être aimée. Par contre l'image de Marilyn existe toujours, elle est devenue un mythe moderne qui nous parle inconsciemment du manque d'amour de soi. La souffrance de Marilyn est celle d'une femme qui n'a

---

1. Il est intéressant de noter que le personnage qu'elle incarne dans ce film est surnommé Ève. À l'époque, Marilyn est à la recherche d'un nouveau départ. Le thème du paradis perdu fait référence au retour à l'innocence et à la pureté qui sont des préoccupations très présentes dans sa vie.

jamais réussi à être aimée pour elle-même, trop persuadée que la vraie Norma Jean n'en était pas digne. Elle déclarait : « J'étais une nullité depuis toujours, mais j'allais avoir la chance de devenir quelqu'un[1] » ; pourtant le rôle de Marilyn ne l'a jamais rendue heureuse.

À l'instar de Marilyn, nombre d'entre nous endossent un rôle pour tenter d'être aimés. Ce comportement si répandu révèle à quel point le manque d'amour ressenti dans notre enfance entraîne un manque d'amour de soi qui nous éloigne de notre moi authentique.

Parent de son parent

Les rôles rigides sont une tentative désespérée de l'enfant adapté pour obtenir ce qui lui manque tant. Ils offrent l'illusion d'une alternative satisfaisante pour recevoir de l'amour, de la reconnaissance et de l'importance. Pour notre enfant intérieur, ces rôles sont mortifiants et nous séparent de lui et de la guérison réelle de nos blessures. Parmi tous les rôles dont il est difficile de se détacher, la victime, le sauveur, le perfectionniste ou la vedette, le plus mortifiant est certainement celui de parent d'un parent. Lorsque nous devenons le parent de l'un de nos parents, nous abandonnons plus que jamais notre enfant intérieur. C'est une négation totale de notre vérité intérieure et un manque d'amour incommensurable pour nous-mêmes. C'est une inversion des rôles. C'est

1. Cité par Lana Pepitone, William Stadiem et Maurice Hakim, *Marilyn secrète*, *op. cit.*, p. 63.

l'enfant adapté en nous qui répond à la demande de l'enfant adapté de notre parent. Nous lui promettons de l'aimer en espérant l'être en retour. Ce rôle rigide si mortifiant et pourtant si courant est une trahison de deux enfants intérieurs : celui de l'enfant et celui du parent. Nous risquons alors plus que jamais de tomber dans le cercle vicieux du manque et des comportements compulsifs.

Recréation :
reconnaître ce qui donne de la joie

Vous allez écrire une liste de dix actes que vous aimeriez vraiment faire mais que vous ne vous autorisez pas. Voici quelques exemples :

- Faire un saut en parachute.
- Faire du théâtre.
- S'habiller ou se coiffer de façon très différente.
- Raconter une blague à vos collègues de travail.
- Sortir en discothèque.
- Inviter des amis chez soi, etc.

Le seul fait d'énoncer ce que vous ne vous permettez pas lève de nombreux obstacles. Jetez-vous à l'eau. Vous constaterez alors que vous allez éprouver beaucoup de joie à réaliser les dix points de votre liste.

Prenez conscience du temps que vous avez passé à vous brimer et à vous interdire ce qui vous procure tant de joie. Votre mission est d'exprimer la joie naturelle de votre enfant intérieur.

Quatrième carapace : les comportements compulsifs

De la compensation à la compulsion

Chaque besoin est lié à un comportement naturel d'assouvissement. Lorsque nous avons faim, c'est-à-dire besoin d'énergie pour avancer, nous allons nous procurer des aliments pour les ingérer. Cette action est une réponse adaptée à notre besoin. Mais que se passe-t-il quand, pour subvenir à un besoin de sécurité, d'amour, d'appartenance, d'estime ou d'accomplissement, nous mangeons du chocolat, nous faisons un achat inutile ou nous restons des heures devant la télévision ? Nous compensons un manque car nous ne savons pas comment répondre à notre besoin.

Nous sommes tous, à différents degrés, mus par le désir lorsque nous ressentons un vide. Adultes, nous avons pris l'habitude de réagir de la sorte mais « la compensation est toujours le fleuron de la réactivité au lieu d'être celui de la créativité[1] ». Le piège est que nous risquons d'adopter une nouvelle carapace qui va renforcer notre faux moi et nous éloigner un peu plus de notre dimension créatrice.

La compensation devient compulsion lorsqu'elle est notre mode privilégié de fonctionnement. Nous ne savons plus imaginer et créer d'autres comportements pour satisfaire

1. Guy Corneau, *Le Meilleur de soi*, *op. cit.*, p. 130.

nos besoins. Nous nous perdons dans des petits plaisirs sans commune mesure avec la profondeur et la richesse de nos aspirations intérieures, ce qui est source de vives tensions intérieures.

Les tensions intérieures

Enfants, certains de nos besoins n'ont pas été entendus. En grandissant, nous nous sommes habitués à vivre avec des manques plus ou moins importants. Ils sont un handicap dans notre cheminement vers l'accomplissement, mais nous n'en avons pas forcément conscience. Nos besoins fondamentaux sont hiérarchisés, ce qui a une incidence sur notre capacité à les combler ou pas. Abraham Maslow explique qu'« une personne qui manque de nourriture, de sécurité, d'amour et d'estime aura vraisemblablement davantage faim de nourriture que de quoi que ce soit d'autre[1] ». En règle générale, nous prenons en compte nos besoins supérieurs lorsque nos autres besoins sont contentés. La compulsion crée une profonde confusion. Face à un manque, notre réaction compulsive apporte une réponse inadaptée. Telle personne ressentant un manque d'amour se jette sur la nourriture ou fait des achats de vêtements en grand nombre, telle autre multiplie les relations amoureuses. Nos comportements compulsifs sont synonymes d'une négation de notre être authentique. Ils tentent de calmer les tensions intérieures qui sont justement le résultat d'une perte de

1. Abraham Maslow, *Devenir le meilleur de soi-même*, *op. cit.*, p. 58.

contact avec nos besoins réels et essentiels. Ils sont une tentative d'apaisement du sentiment de vide intérieur qui nous envahit. Mais le plaisir et la satisfaction que nous procure la compulsion ne sont que temporaires. Le vide ne disparaît pas tant que nous continuons d'ignorer cette vérité : « Nos compulsions dissimulent une cité perdue, profondément ancrée à l'intérieur de nous, et dans ces ruines se cache un enfant[1]. » Le manque est un besoin inassouvi qui s'est transformé en demande compulsive. Il est le signe que l'enfant adapté réclame son dû à l'extérieur alors que nous restons sourds aux besoins de notre enfant intérieur secrètement dissimulé à l'intérieur de nous. Celui-ci est notre véritable nature. Il nous attend et nous réclame inlassablement.

Notre être étouffe sous les carapaces du faux moi et aspire à la libération. Nous avons rarement conscience du conflit destructeur qui fait rage en nous. Nos élans de vie et de création tentent par tous les moyens de jaillir. Notre enfant intérieur est le seul qui connaisse nos besoins essentiels ignorés. Il mérite d'être écouté et entendu. Il sait comment nous pouvons assouvir de manière juste, créative et épanouissante nos besoins fondamentaux.

---

1. John Bradshaw, *La Famille – Une nouvelle façon de créer une solide estime de soi*, Montréal, Éditions Sciences et Culture Inc., 2004, p. 30.

De la compulsion à l'addiction

Plus nous nous éloignons de notre enfant intérieur et de ses besoins, plus notre faux moi enfle et s'empare de notre être. Quand c'est le cas, la compulsion laisse place à l'addiction, révélant l'emprise de l'enfant adapté sur l'adulte qui perd alors sa capacité à distinguer ce qui le restaure de ce qui le détruit. Le « plaisir » qui naît d'une addiction à l'alcool, à la cigarette, aux drogues, au sexe ou à la nourriture ne suffit plus à apaiser les tensions intérieures[1]. Ce plaisir n'a d'ailleurs plus la même nature que celui engendré par une simple compensation. Il reste davantage physiologique et stimule la dépendance. Il en faut toujours plus pour éprouver le sentiment d'être vivants face au vide béant qui menace de nous engloutir. Les boulimiques ou les alcooliques sévères finissent par ne plus éprouver aucun plaisir. Ils luttent contre eux-mêmes en tentant de se remplir. Ils incarnent l'enfant adapté en manque.

L'addiction est une forme d'autopunition, d'autodestruction et de haine de soi qui trouve son origine dans la négation de sa véritable nature. Elle est la manifestation de

1. Des études ont montré que l'alcool, la nicotine, le cannabis et d'autres drogues déclenchent au niveau de l'accumbens (un noyau qui joue un rôle central dans le circuit de la récompense) la libération de dopamine, la molécule naturelle du plaisir. Voir Françoise Lotstra, « Le cerveau émotionnel ou la neuroanatomie des émotions », *Autour de l'émotion, Cahiers critiques de thérapie familiale et de pratiques de réseaux*, n° 29, Bruxelles, De Boeck Université, 2002, p. 73-86.

la totale emprise du faux moi et de l'identification du moi à un fonctionnement destructeur.

Notre faux moi s'exprime dans notre vie sous de multiples formes. Croyances limitatives, émotions perturbatrices, rôles rigides ou comportements compulsifs ont tous un point commun : ces carapaces nous emprisonnent et la souffrance qu'elles font naître est bien plus pénible et mortifiante que la peine réelle de notre enfant intérieur. Le seul moyen de nous détacher du système mystifié et illusoire que nous abritons tous est de chasser l'ignorance en restaurant notre vrai moi.

Restaurer son véritable moi

Créer une nouvelle image de soi

Le faux moi et le moi authentique ont une nature diamétralement opposée. Le faux moi est figé et tente de nous convaincre que nous savons qui nous sommes. Cette fausse personnalité s'appuie sur nos expériences enkystées du passé que nous consolidons par un fonctionnement établi, conforme à ce que nous croyons devoir être. Nous réagissons toujours de la même manière aux événements de notre vie en tentant de contrôler ce qui nous entoure. Nous cherchons à avoir raison et nous nous confortons dans nos positions. Nos carapaces illusoires paralysent notre psyché. Tout ce qui nous arrive est interprété par notre fausse personnalité limitée, étroite et pétrifiée. Le malaise psychologique est le symptôme de cet enténèbrement de l'être.

Notre vrai moi est à l'inverse beaucoup plus que ce que nous croyons être. Il est le reflet d'une vie aux mille saveurs. Il est notre diamant intérieur dont la beauté ne se révèle que lorsque toutes ses facettes brillent éclairées par le soleil. Ce soleil est notre conscience. Là où le faux moi prône l'ignorance et le refoulement, le moi véritable appelle à la découverte de tout ce qui le constitue, à la création d'une nouvelle image de soi plus vaste et plus riche. À l'écoute de ce moi profond, nous choisissons de partir à l'aventure et nous cultivons une nouvelle perception de la vie.

Notre moi authentique est le cœur de notre moi adulte, entier et réconcilié. Pour autant, ce n'est pas un bloc compact. Il est un tout en devenir, éparpillé dans tous les recoins de notre être. En s'adaptant, l'enfant que nous étions a semé des petits cailloux pour retrouver la trace du Soi. Adultes, il est nécessaire de recouvrer nos richesses abandonnées en cours de route, de réintégrer les parties de nous que nous avons reniées. Où sont-elles ? Dans toutes nos sous-personnalités que nous craignons de contacter.

Nos sous-personnalités sont nos moi secrets. Ils sont discrédités à nos yeux d'adultes et forment notre ombre. En tant qu'éléments rejetés, ils agissent sur nous et malgré nous. Nous avons perdu toute capacité à les accepter pour en tirer le meilleur.

Marie, à la rencontre de son moi secret

Marie, cinquante-sept ans, se remémore sa grande difficulté à concilier les deux traits majeurs de sa personnalité :

> *J'ai mis beaucoup de temps à me connaître. Je me sentais tiraillée entre mon côté extraverti, affable, léger et parfois superficiel et mon côté introverti, profond, fort et spirituel.*

Elle nomme ses deux entités « l'animatrice et la mystique ». Elle arrivait à exprimer ou l'une ou l'autre mais à chaque fois elle avait la sensation de s'oublier. Elle ne parvenait pas à vivre sereinement les deux à la fois, ce qui était source de malaise. En reconstruisant une nouvelle image de soi, elle a mis au jour un autre moi secret et délaissé, « la timorée ». Au début, cette sous-personnalité lui a déplu. Elle explique ainsi son rejet :

> *Je ne supportais pas ce côté de moi apeuré, craintif et timoré. J'avais le sentiment d'être impuissante et de ne rien oser faire.*

En acceptant de communiquer avec ce nouveau moi, Marie s'est rendu compte qu'elle cherchait un équilibre, un juste milieu. Tant qu'elle n'était pas intégrée, cette partie méconnue et jugée inacceptable surgissait à l'improviste et la déstabilisait. Aujourd'hui, Marie a fait la synthèse et reconnaît le rôle essentiel que joue cet autre moi. Elle lui a d'ailleurs donné un autre nom, « la médiatrice » ; c'est elle qui veille au lien harmonieux entre sa vie intérieure et sa vie extérieure.

Tous nos moi secrets ne sont pas forcément attrayants. Certains, perçus comme plus sombres et plus honteux, sont difficiles à admettre. Qui a envie de reconnaître l'autoritaire, le manipulateur ou même le sadique en lui ? Bien peu d'entre nous. Pourtant, malgré les apparences, ces moi renferment tous une certaine sagesse et une part de notre richesse intérieure. Ils sont sans danger pour nous si nous les accueillons avec notre enfant intérieur. Lui seul peut les convoquer avec innocence et légèreté. L'adulte n'a plus alors qu'à écouter la parole de chacun pour libérer une énergie nouvelle.

La restauration de notre moi authentique débute par la réunion de toutes nos facettes intérieures lumineuses ou sombres. Si chacune d'elles peut s'exprimer, aucune ne cherchera à prendre le pouvoir. Elles participeront toutes à l'édification d'un moi entier et régulateur au centre duquel l'enfant intérieur pourra pleinement exprimer sa créativité.

Créer une nouvelle famille intérieure

La restauration de notre vrai moi dépend de notre attitude envers notre enfant intérieur. En devenant notre propre parent, nous créons une nouvelle famille intérieure[1] où chacun a une place de choix.

---

1. Les points abordés ici sont très largement développés dans *S'ouvrir à son cœur d'enfant*, *op. cit.*, p. 199-207.

Un adulte entier devient sa propre mère, c'est-à-dire un être aimant et bienveillant, la meilleure personne pour s'offrir toutes les nourritures affectives nécessaires à son bien-être. En bonne mère, elle est présente pour écouter, câliner et consoler l'enfant intérieur triste et blessé. Elle génère de l'amour authentique. L'adulte entier devient aussi son propre père en défendant son intégrité et en étant l'initiateur de sa propre structure, l'instigateur éclairé de ses choix de vie. Il est responsable de ses pensées, croyances et valeurs et, en bon père, il encourage l'enfant intérieur créatif à exprimer son génie naturel.

Créer un nouveau paysage intérieur

Notre monde intérieur est un vaste paysage peuplé d'images. Notre faux moi et notre moi authentique correspondent à deux univers bien différents. L'un est balayé par les tempêtes, l'air est irrespirable et la chaleur étouffante. L'autre est paisible et harmonieux, l'eau, les arbres, la terre, les animaux sont une invitation à la douceur et au lien avec soi et avec l'autre.

Notre monde intérieur nous réclame ; il nous exhorte à une vie intérieure plus riche et plus éclairée. Si nous n'explorons pas notre inconscient, notre vie reflétera les symptômes de l'enfermement et de la rigidité de notre moi adapté. Ce sont alors nos croyances limitatives, nos émotions perturbatrices, nos rôles rigides et nos compulsions qui sculpteront notre réalité quotidienne.

Notre vie est le miroir de nos paysages intérieurs. Il ne

tient qu'à nous de modifier ces espaces. Toutes les images de guérison, de transformation et de création proviennent du Soi. Créer un nouveau paysage nécessite de s'abandonner à ce qui est plus grand que soi pour trouver un nouvel équilibre global. C'est une façon de respecter son écologie intérieure.

Créer son propre chemin

Bouddha est un modèle d'homme accompli. Il est aujourd'hui un symbole du Soi, au même titre que le Christ. Il est l'Éveillé. Notre enfant intérieur est le symbole d'une promesse d'accomplissement de soi mais, avant d'être éveillé, devenons les héros de notre vie en arborant bien haut le drapeau de l'enfance retrouvée.

Chaque être suit un processus d'individuation original et unique. Le détachement du faux moi mystifié, la constitution d'un moi entier et réconcilié et l'ouverture au Soi sont des jalons essentiels pour embrasser les richesses de l'inconscient. Mais chacun se doit de creuser sa propre voie d'individuation, une unification de l'être comme si les parcelles conscientes et inconscientes jusque-là éparses s'assemblaient en *un* individu. Notre enfant intérieur est un allié dans cette quête. Là où l'enfant blessé nous permet de transcender la souffrance inhérente à la vie, l'enfant créatif nous offre ses forces innées pour concrétiser notre destinée.

L'enfant intérieur, notre moi authentique, est le cœur vibrant et pulsant de notre être. Il est la clef qui ouvre la porte vers l'inconnu. Cette porte est en nous et sur son fronton sont gravés ces mots : « Qui suis-je ? À quoi suis-je relié ? » Pour franchir ce seuil, le héros se dénude… abandonnant les carapaces illusoires qui l'éloignent de sa nature créatrice.

Pratique créatrice 3
Lâcher le masque du faux moi

Nous portons tous un masque que Jung appelait la *persona* : « [C'est] le système d'adaptation ou la manière à travers lesquels on communique avec le monde […] le danger est que l'on s'identifie à sa *persona* […]. On peut dire, sans trop d'exagération, que la *persona* est ce que quelqu'un n'est pas en réalité, mais ce que lui-même et les autres pensent qu'il est[1]. » La pratique du masque vous distanciera de votre *persona* ou faux moi. Les étapes suivantes sont à effectuer avec la main directrice pour l'exploration du faux moi et avec la main non directrice pour l'expression de votre véritable nature.

Étape 1

Préparez une feuille de papier et un stylo. Mettez une musique de relaxation en fond sonore, allumez une bougie

1. C.G. Jung, *Une vie*, *op. cit.*, p. 633.

et de l'encens. Écrivez chacune des phrases suivantes à plusieurs reprises en les complétant sans vous censurer :

• *Ma croyance la plus négative à mon égard est...* (main directrice)

La plupart du temps, nos croyances négatives sont liées à une dévalorisation du type « Je ne suis pas capable », « Je suis moche », « Je ne mérite pas », « Je ne suis pas digne », « Je suis méchant », « Je suis inintéressant »...

• *Ce que je suis profondément c'est...* (main non directrice)

• *L'émotion qui m'envahit régulièrement est...* (main directrice)

Nommez les émotions ou sentiments qui vous gâchent la vie.

• *Ce que je suis profondément c'est...* (main non directrice)

• *Le rôle que j'ai pris enfant dans ma famille est...* (main non directrice)

• *Le rôle que je prends aujourd'hui est...* (main non directrice)

Les rôles sont innombrables : le sauveur, la victime, le gentil, le perfectionniste, l'autoritaire, le critique, le grand frère, la vedette, l'animateur, etc.

• *Ce que je suis profondément c'est…* (main non directrice)

• *L'un de mes comportements compulsifs est…* (main directrice)
Ce sont tous les actes qui se substituent à nos besoins véritables, comme manger quand on n'a pas faim, fumer une cigarette, boire avec excès, passer des heures devant la télévision, etc.

• *Ce que je suis profondément c'est…* (main non directrice)

• *Le scénario de vie que je répète est…* (main directrice)
Quelques exemples de scénarios de vie : rencontrer des amours impossibles, avoir toujours un patron irrespectueux, échouer régulièrement dans certains projets, etc.

Étape 2

À l'aide d'une grande feuille de papier Canson, vous allez confectionner un masque avec des trous pour les yeux et la bouche. Prévoyez un élastique pour pouvoir le porter. Vous allez peindre sur ce masque les éléments marquants que vous avez identifiés lors de la première étape (excepté bien entendu les réponses à la question « Ce que je suis profondément c'est… »). Utilisez les mots, les formes et les couleurs de votre choix.

Étape 3

Une fois le masque confectionné, mettez-le sur votre visage et placez-vous devant une glace. Observez votre faux moi. Voilà ce que vous montrez au monde. Que ressentez-vous ? Percevez toutes les conséquences liées au fait de porter un tel masque. Prenez trois grandes respirations puis, tout en ôtant votre masque, prononcez la phrase « Aujourd'hui, je choisis de lâcher ce masque qui m'éloigne de ma véritable nature ».

Il se peut que vous éprouviez des difficultés à lâcher votre masque. C'est la force de l'habitude ou le signe que vous êtes identifié à votre faux moi. Répétez cette troisième étape autant de fois que vous le sentirez nécessaire. Peu à peu vous vous verrez différemment. Vous allez changer votre attitude vis-à-vis du monde extérieur et, par conséquent, embellir votre vie.

4.

Le moi créatif
ou comment exprimer l'enfant créatif en soi

Chaque adulte peut renouer le contact avec son potentiel créatif symbolisé par l'image de son enfant intérieur.

« La nouvelle signification de l'âme, c'est la créativité et le mysticisme. Cela deviendra la base du nouveau type de psychologie et ainsi adviendra la nouvelle civilisation. »

Otto Rank

Histoire : Le Retour des fleurs[1]

Las de la duplicité des hommes, le plus puissant des magiciens s'était réfugié au sommet de la plus haute des hautes montagnes. En quittant le pays, il avait recueilli une à une toutes les fleurs du monde, celles des bois, celles des prairies, celles des bords de mer, celles du long des rivières et celles des lacs. Le pays jadis si beau et si fleuri s'était rapidement transformé en désert. Les oiseaux, les papillons et les autres insectes s'étaient enfuis. Les plus jeunes, les enfants, qui n'avaient jamais vu ces merveilles, peinaient à croire les anciens. « Ce ne sont que des histoires ! » rétorquaient-ils en errant tristement dans le décor d'un pays sans fleurs.

1. Ce récit est inspiré du conte australien *Le Retour des fleurs* que Florence, conteuse et guide dans la forêt de Brocéliande, nous a fait découvrir au fil d'une délicieuse balade dans le Val sans retour. http://lemoulinahistoires.blogspot.com

Il était un enfant qui ne pouvait se résigner à vivre dans un monde sans âme. Chaque fois que sa mère achevait le récit de l'ancien temps, il réclamait encore et encore qu'on lui contât la beauté des fleurs.

Un jour, décidé à redonner des couleurs au pays, il s'enquit auprès de sa mère pour connaître l'emplacement de la plus haute des hautes montagnes. Les yeux pleins d'effroi, elle lui révéla : « Malheur à toi ! Ce n'est que pure légende. Les fleurs n'ont probablement jamais existé. Tu auras beau marcher mille ans, jamais tu ne trouveras le magicien. » Tous les hommes avaient depuis longtemps perdu leur innocence et leurs rêves d'enfant.

Une nuit où tous sommeillaient, l'enfant partit sans se retourner à la recherche d'une trace perdue qui le mènerait au magicien. À chaque fois qu'il ouvrait son cœur dans l'espoir de récolter quelques indices, les gens riaient de lui, le traitant de crédule, d'obstiné et de fou. Il marcha longtemps, si longtemps qu'il était devenu homme. Mais jamais ses rêves ne l'avaient abandonné.

Un jour, au détour d'un chemin, il découvrit une étrange montagne à cinq étages qui perçait l'horizon. Nimbé de nuages, son sommet échappait au regard. Un sentier en spirale l'invitait à gravir le flanc vers les hautes cimes mystérieuses. Bien des jours se succédèrent avant que son ascension n'aboutît.

Parvenu au point le plus élevé, il scruta les alentours. Le soleil se couchait. Nulle trace du magicien. Pis, le sol était rocailleux et stérile. L'obscurité envahit son cœur. Arrivé au bout de lui-même, il se laissa choir et pleura. Des larmes glissèrent délicatement de son visage et devinrent une rivière sauvage. La terre asséchée fut nourrie abondamment. Le miracle eut lieu dans la nuit. Quand il se réveilla, il découvrit un paysage d'une incomparable beauté. Des fleurs par milliers tapissaient les rochers. Des abeilles butinaient. Une famille de renards jouait au loin. Ainsi les légendes étaient vraies et il découvrit, émerveillé, un monde oublié. Un parfum subtil flottait dans l'air et les rayons du soleil dansaient comme des multitudes d'arcs-en-ciel. Une profonde joie chassa la fatigue. Il caressa le sol multicolore, cueillit une fleur de chaque espèce et entreprit la descente de la montagne.

Alors qu'il arpentait le chemin du retour, sa déception fut grande de voir son bouquet se faner et s'égrainer… Mais le vent et la pluie firent leur œuvre et les fleurs jonchèrent bientôt toutes les terres du pays. Le monde redevint un immense jardin où animaux et insectes choisirent de vivre à nouveau. Le retour des fleurs s'accompagna de la joie et de l'innocence dans le cœur des hommes, bien décidés cette fois à faire taire la duplicité.

Un moi spirituel

Cette histoire évoque la découverte des racines de la créativité. Une fois de plus l'image de l'enfant est centrale et occupe tout le récit. Ce sont nos forces héritées de l'enfance qui sont la clef pour oser cheminer vers l'inconnu. À la fin, l'enfant est devenu un homme conservant sa part d'enfance et ne se détournant pas de sa quête malgré les moqueries et les jugements.

Les fleurs sont le motif principal d'une nature primordiale

qui a disparu à cause de la duplicité des hommes. Deux mondes semblent s'opposer : celui du magicien avec les fleurs et les animaux remémorant l'état édénique et celui des hommes dont nous devinons les rêves dans leurs légendes. L'enfant est celui qui réunit et concilie ces deux aspects nécessaires à toute vie créatrice. La fleur figure les vertus de l'âme et le bouquet qui les rassemble la perfection spirituelle.

L'enfant en nous est un moi spirituel qui détient tout l'or de notre psychisme. Le bouquet fané rappelle que tout élan créateur est une expression éblouissante mais fugace de la vie. Il ne tient qu'à nous que cet élan ne se perde pas et offre les plus beaux fruits. Dans « Le retour des fleurs », les larmes transformées en rivière font renaître le monde. L'homme enfant a symboliquement accueilli le flot créateur et régénérateur dont le vent et la pluie sont aussi l'illustration. Clarissa Pinkola Estès exprime cette idée quand elle constate : « La force créative arrose le terrain de notre psyché [...] si l'on prépare dans le psychisme un endroit pour que l'être, la force créative, la source de l'âme vienne l'habiter, celle-ci sera au courant et se fraiera un chemin vers lui[1]. »

L'innocence première

Le magicien a quitté le monde des hommes qui ont gommé l'innocence de leur vie. L'enfant qui l'incarne est

1. Clarissa Pinkola Estès, *Femmes qui courent avec les loups – Histoires et mythes de l'archétype de la Femme sauvage*, Grasset, 1996, p. 269-270.

le seul à imaginer que les fleurs puissent réellement exister. Son œuvre créatrice transmet de nouveau cette innocence première au cœur de chaque être. Elle est le propre de la nature enfantine. L'enfant intérieur créatif en est le souvenir en chaque adulte.

Cette innocence se caractérise par un état d'être où le passé et l'avenir n'ont pas réellement de sens. L'enfant vit dans l'instant, ici et maintenant. Pour lui, tout peut arriver. Rien n'est improbable ou impossible. Sa perception empreinte de magie et d'émerveillement est radicalement différente de celle des adultes. De fait, il n'éprouve aucune appréhension, ni anxiété. Il ne craint pas de dire ce qu'il sait ou d'être rejeté. Il n'a aucun doute sur ses propres capacités et n'a pas peur d'échouer. Il ne demeure pas dans l'ombre des autres. Il n'adhère pas aux croyances sclérosées qui s'imposent à nombre d'entre nous comme des vérités absolues. Cette histoire décrit l'état d'innocence que nous avons tous égaré dans le processus d'adaptation. Ici nulle honte, culpabilité, abandon ou impuissance n'entrave la créativité. L'enfant est simplement lui-même, entier et sans aucune duplicité.

L'innocence première se révèle par un comportement spontané, impulsif et intrépide qui est une ouverture à l'expérience. L'enfant est entièrement concentré, fasciné et absorbé. Rien d'autre n'existe. C'est une caractéristique du moi spirituel qui jaillit dans une forme de transcendance du moi où « le comportement s'organise entièrement autour de la fascination pour le monde passionnant en dehors du moi, ce qui veut dire alors *sans tenter de faire impression sur le spectateur,* sans duplicité, ni dessein [...][1] ».

L'ouverture à l'inconnu

La créativité émane de l'inconnu « qui monte, déferle, se soulève, se déverse en nous plutôt que quelque chose qui resterait là à attendre que nous trouvions, d'une manière ou d'une autre, le chemin qui y conduit[2] ». L'élan créateur est par essence génial mais c'est aussi une énergie brute qui nécessite d'être travaillée, modelée pour se concrétiser. Si l'enfant incarne l'ouverture à cet inconnu, ce génie naturel, l'adulte est le seul qui peut construire sur le long terme. Dans « Le retour des fleurs », l'acte créateur est le fruit d'un homme.

Nombreux sont ceux qui pensent à tort que la créativité est réservée aux artistes. C'est une vision restreinte et figée qui nous sert parfois d'excuse pour ne pas répondre à notre enfant intérieur. Nous sommes tous par essence créatifs ; cette énergie nous inonde régulièrement mais nous n'en avons pas conscience. Nous nous détournons des profondeurs de notre être par peur et par habitude. Nous évitons l'inconnu, source d'innocence, de joie, de jeu, d'amour, d'enthousiasme, d'imagination, d'humour, autant de forces qui sont les racines de la créativité.

1. Abraham Maslow, *Être humain*, *op. cit.*, p. 294.
2. Clarissa Pinkola Estès, *Femmes qui courent avec les loups*, *op. cit.*, p. 270.

Qu'est-ce que la créativité ?

Un état d'être

En grandissant, nous nous sommes adaptés à un environnement familial, social et culturel et, chemin faisant, nous avons oublié des dimensions fondamentales de notre nature profonde. Ce n'est pas une fatalité. Dans une tribu dite « primitive » d'Amazonie, les Zo'és, les adultes ne passent que deux heures par jour aux activités vitales : chasser, préparer les repas, fabriquer des arcs et des flèches, réparer les huttes, etc. Le reste du temps est dédié au repos, au jeu et à la rêverie. L'innocence de ce peuple, qui vit entièrement isolé au cœur de la vaste forêt primaire, nous délivre une grande leçon : nous n'avons pas besoin de *faire* quelque chose mais de simplement *être*. C'est le secret de toute créativité.

La créativité est avant tout un état d'être. Bien sûr, notre société a depuis longtemps délaissé le fonctionnement tribal au profit du développement de l'individu. C'est le propre de notre cheminement occidental vers l'individuation, mais il ne faut pas pour autant renoncer aux enseignements des autres voies. Les Zo'és nous encouragent par leur exemple à reconsidérer l'utilisation de notre temps. Nous pouvons partager notre temps de manière fonctionnelle et épanouissante : accorder huit heures au sommeil, huit heures au travail et enfin huit heures pour s'occuper de soi.

La vie des Zo'és est placée sous le signe de la rêverie[1], qui n'a pas exactement la même fonction que le rêve nocturne. La nuit, notre inconscient se dévoile avec force sous forme de symboles parfois très obscurs ou de rêves fulgurants dont la vérité nous apparaît au réveil avec évidence. Néanmoins cela reste rare. La rêverie, dont on peut distinguer deux formes créatives, est à l'inverse une ouverture au préconscient, à la rivière de l'élan créatif dont la crue va permettre d'arroser notre conscience. La première forme de rêverie est le rêve éveillé. Cette technique est au cœur du travail de reconnexion avec l'enfant intérieur. Elle offre des messages, images de guérison et de transformation qui nourrissent notre âme. La seconde est l'imagination active. C'est l'art de communiquer avec soi pour laisser s'exprimer toutes les facettes de notre moi et concevoir nos projets et actions futurs. Enfin, il existe une autre sorte de rêverie, le fantasme, qui s'oppose à la créativité en détournant le cours naturel de l'élan créatif. Le fantasme n'est pas en lien avec notre essence. Il dissimule un écueil, la dissolution de la pensée créatrice dans l'idéalisation. On imagine une situation parfaite où tous nos problèmes seraient résolus et où nous serions totalement heureux. Certains d'entre nous ne vivent pas réellement leur vie. Ils imaginent qu'un prince charmant (ou une princesse) va venir les combler, qu'ils vont remporter la grosse cagnotte du Loto ou qu'on leur offrira le métier de leur rêve. Pendant ce temps, la vie s'écoule inexorable-

1. Clarissa Pinkola Estès parle non pas de rêverie mais de trois sortes de « fantaisies » dans *Femmes qui courent avec les loups, op. cit.*, p. 291.

ment. Ces êtres s'égarent dans l'image d'un moi idéal. Ils n'expriment par leur moi spirituel et perdent leur véritable puissance sur eux-mêmes.

La créativité naît d'un état d'être authentique, relié à l'essence spirituelle et créative de chacun. C'est un « héritage universel de chaque être humain dès sa naissance, et qui se chevauche avec la santé psychique[1] ».

Une perception nouvelle

Adultes, efforçons-nous de voir la vie avec les yeux de notre enfant intérieur, les yeux de l'innocence, pour accéder à notre élan créateur. Les enfants représentent la capacité à inventer quelque chose à partir de *rien*. Ce rien n'est pas le vide mais plutôt le plein des richesses de l'inconscient. Ce n'est pas rien mais rien de connu consciemment. Notre force créatrice s'accompagne d'une inventivité primaire d'où émergent la nouveauté, les idées et les découvertes géniales. L'inconnu fait peur. Le spectre de la folie n'est pas loin. Le peintre Dali déclarait ouvertement que sa créativité naissait d'un flirt avec la folie. Tout le courant surréaliste s'est appuyé sur cette démarche, mais cette folie douce (et non pathologique) est plutôt une forme de communication avec l'inconscient pour engendrer dans la matière ce qui n'est encore qu'une pensée attendant d'être interceptée.

Nos certitudes sont le premier ennemi de notre

---

1. Abraham Maslow, *Devenir le meilleur de soi-même*, *op. cit.*, p. 250.

créativité. Elles sont le résultat du conformisme qui révèle notre crainte d'assumer notre nature pluridimensionnelle et illimitée. Si elles nous rassurent, elles nous éloignent de notre génie naturel. $E = mc^2$, la célèbre formule d'Albert Einstein, est issue d'un travail de l'imaginaire. S'il était resté fidèle à la mécanique newtonienne, Einstein n'aurait jamais pu énoncer sa théorie de la relativité. Bien sûr, il lui a fallu prouver par de longues recherches, avec l'aide d'un mathématicien, la véracité de sa formule. La nécessaire persévérance qui jalonne la vie de tout créateur peut faire naître le découragement, second ennemi de la créativité. Le cheminement de l'élan inconscient vers la création est difficile et risque de ne jamais aboutir s'il n'est pas porté par l'innocence et la foi sans faille de l'enfant intérieur. Le psychologue humaniste Mihály Csikszentmihályi souligne : « Il est évident que les individus créatifs se caractérisent par leur enjouement et leur légèreté [1]. »

La capacité de créer sa vie

La créativité est l'art d'inspirer sa vie en percevant toutes les possibilités en soi pour vivre pleinement. La véritable créativité se loge dans l'inspiration qui guide chaque geste, petit ou grand. Faire une tarte, s'occuper de son jardin, ranger sa maison, jouer avec un enfant sont autant d'occasions d'être créatif. Ces occupations peuvent être aussi pré-

1. Mihály Csikszentmihályi, *La Créativité – Psychologie de la découverte et de l'invention*, Robert Laffont, « Réponses », 2006.

cieuses que la création d'un objet d'art. Si elles n'obtiennent pas forcément la reconnaissance et l'admiration d'autrui et n'ont pas de valeur économique, elles n'en sont pas moins le vrai trésor de la vie. Une existence créative est pleine de possibles, de vitalité et de sens. C'est au quotidien que le moi spirituel s'épanouit réellement pour occuper tout l'espace de notre être.

La créativité n'est pas un mouvement solitaire ; le créateur de sa propre vie est en lien avec les autres et le reste du monde. Elle émane de notre capacité à choisir parmi nos pensées, sentiments et sensations ce qui manifeste notre véritable nature. Cela dépend forcément de la liberté que nous nous octroyons et de la responsabilité que nous endossons.

Nous perdons souvent notre puissance créatrice lorsque nous ne nous sentons pas à la hauteur dans une situation. Guidés par un faible sentiment d'efficacité personnelle, nous n'envisageons qu'un nombre restreint de possibilités. Nous restons fidèles aux messages parentaux limitatifs. Un des blocages fondamentaux de notre créativité vient de notre peur de dépasser nos parents et d'être nous-mêmes.

La créativité est la sève de l'accomplissement de soi. Elle dépasse largement les frontières de l'activité artistique ou de la recherche scientifique. Seul notre enfant intérieur en connaît tous les secrets.

Premier secret : la porte des possibles

De l'autre côté du miroir

Lorsque en 1872 paraît *De l'autre côté du miroir*, la suite des aventures d'*Alice au pays des merveilles*, son auteur Lewis Carroll place son héroïne dans un univers imaginaire pour permettre aux adultes de contacter ce qu'ils ont oublié d'eux-mêmes. Lors de ses pérégrinations, Alice converse avec la Reine Blanche qui l'interroge :

« Quel âge as-tu ?

– J'ai sept ans. Réellement, j'ai sept ans et demi.

– Inutile de dire “réellement”. Je te crois. Et maintenant voici ce que tu dois croire, toi : j'ai exactement cent un ans, cinq mois et un jour.

– Je ne peux pas croire cela ! s'exclama Alice.

– Vraiment ? dit la Reine d'un ton de pitié. Essaie de nouveau : respire profondément et ferme les yeux. »

Alice se mit à rire :

« Inutile d'essayer, répondit-elle, on ne peut pas croire des choses impossibles.

– Je suppose que tu manques d'entraînement. Quand j'avais ton âge, je m'exerçais à cela une demi-heure par jour. Il m'est arrivé de croire jusqu'à six choses impossibles avant le petit déjeuner[1]. »

---

1. Lewis Carroll, *Alice au pays des merveilles / De l'autre côté du miroir*, Gallimard, « Folio classiques », 1990 et 1994, p. 257-258.

Ce passage très explicite dévoile l'un des secrets de notre enfant intérieur : « Tout est possible ! » Voilà ce qu'il nous souffle à l'oreille. Si nous avons une vision limitée de ce que nous sommes et de ce que nous pouvons accomplir, il est certain que nous réduisons considérablement notre créativité. Dans notre miroir, nous ne percevons la plupart du temps qu'un reflet de nos croyances limitatives, l'image d'une personnalité adaptée qui tente de donner le change. Dès qu'un élan créateur jaillit et fait vaciller cette image, nous sommes déstabilisés. Notre créativité nous fait peur. Elle révèle notre véritable nature de cocréateurs mais sommes-nous disposés à l'assumer ? Sommes-nous enclins à écouter notre essence spirituelle, ce cœur d'enfant aimant lumineuse et créatif qui cherche à s'accomplir ? Sommes-nous décidés à accepter la responsabilité de notre existence ? Il ne tient qu'à nous de nous autoriser à *être*.

La volonté, une force indispensable

Chantal a entrepris une thérapie il y a plusieurs mois mais elle constate avec dépit que sa vie n'a toujours pas changé. Lors de la première séance, elle a émis le souhait de rencontrer un homme pour construire une relation amoureuse épanouissante, ce qu'elle n'a jamais connu. Aujourd'hui, elle est dans l'impasse. En fait, Chantal est prisonnière des croyances limitatives qu'elle s'assène quotidiennement et dont les plus courantes sont : « De toute façon, j'ai fait cela pendant quarante-cinq ans alors je ne vois pas comment je pourrais faire autrement », « Ce n'est pas possible », « Je ne crois pas en l'amour » ou « Je n'ai eu que des mauvaises expériences avec les hommes, donc ça ne marchera jamais ». Nombre de ses croyances lui servent d'excuses pour ne rien tenter. Ce n'est pas tant la peur de l'échec qui la retient que le courage de recommencer qui lui manque et la fait stagner. Elle n'a pas d'énergie, elle pleure régulièrement et ne se nourrit pas convenablement. Elle s'enfonce dans la déprime. C'est l'« impossible » qui règne en maître sur sa vie. Sortir pour rencontrer de nouvelles personnes, impossible. Inviter des amis, impossible. Faire un bon repas, impossible. Trouver un homme aimant et bienveillant, impossible. Ce mot ne vient pas de nulle part. Depuis sa plus tendre enfance, son père lui a toujours dicté ce qu'elle doit penser, ressentir, dire ou faire et il continue de le faire. Enfant, les besoins et les désirs de Chantal n'ont jamais été entendus et recevaient un « impossible » comme fin de non-recevoir. Aujourd'hui, elle a perdu toute autonomie car sa volonté a été blessée dès le plus jeune âge. Sa personnalité est envahie par un sentiment d'impuissance sur lequel se brisent tous les élans de son âme.

Jung affirmait : « Le moi est doté d'un pouvoir, d'une force créative, conquête tardive de l'humanité, que nous appelons volonté[1]. » La volonté est le premier outil de la personnalité qui permet la différenciation de l'enfant d'avec sa mère. Dans le cas de Chantal, son père l'a maintenue dans un état de dépendance toxique. Sans volonté propre,

1. C.G. Jung, *L'Homme à la découverte de son âme*, Payot, « Petite bibliothèque », 1996, p. 90.

nous avons la plus grande difficulté à agir au service de notre individualité. La volonté est une force indispensable à la manifestation de nos intentions créatives. Mais pour être utilisée à bon escient, elle doit être au service d'une force encore plus grande de l'enfant intérieur, l'imagination.

Imaginer les possibles

Dans l'extrait de *De l'autre côté du miroir*, Alice reçoit un conseil avisé : la reine lui recommande d'imaginer des choses impossibles. Notre enfant intérieur adore ce jeu. Comme le souligne Guy Corneau, « l'imagination est la grande oubliée parmi nos potentialités naturelles, gratuites et constamment accessibles[1] ». Combien de fois, enfants, avons-nous entendus ces mots : « Arrête de rêver » ou « Cesse d'être dans la lune » ? L'imagination s'active lors de nos rêveries et reste un élément fondamental du processus de créativité. Une création est la matérialisation de ce qui est déjà présent dans notre esprit. L'imagination est notre pouvoir de capter une forme pensée qui dépend de notre volonté de créer pour s'incarner sur le plan physique. Tant que nous n'imaginons pas que quelque chose est possible, nous ne pouvons pas l'obtenir. Néanmoins, n'oublions pas que nos élans primaires sont une matière brute qu'il convient de modeler.

À l'âge de trente-neuf ans, Pascal fait un rêve étrange qui l'obsède :

1. Guy Corneau, *Le Meilleur de soi*, *op. cit.*, p. 213.

Je suis entièrement nu au bord d'une falaise et je me transforme en goéland avant de prendre mon envol.

Ne sachant qu'en penser, il demande l'avis de son enfant intérieur (en écrivant la question avec sa main directrice et la réponse avec sa main non directrice). Son enfant intérieur lui répond :

Tout s'apprend et c'est amusant.

Pascal est interloqué et fait la recherche « apprendre à voler » sur Internet. Il découvre qu'il y a un aéroclub près de chez lui. Un souvenir fulgurant s'impose à lui son rêve d'enfant était de voler comme un oiseau. Suivre des cours de vol et obtenir son brevet de base devient une évidence absolue. Enthousiasmé par cette première expérience, il poursuit sa formation et décroche son brevet de pilote privé. Aujourd'hui, Pascal sait voler !

Nos rêves d'enfant portent en eux l'essence de notre créativité future. Même si nous les avons oubliés, ils peuvent ressurgir et il ne tient qu'à nous de réemprunter la voie pressentie dans l'enfance.

L'imagination revient à explorer tous les possibles esquissés la plupart du temps dans l'enfance. Le meilleur moyen de créer une forme pensée est de *faire comme si*[1].

---

1. La méthode « Cœur d'enfant » propose un outil très puissant : la lettre au Père Noël. Il s'agit d'une programmation de vie rédigée au présent pour faire comme si le futur désiré existait déjà. La préparation de cette lettre nécessite un long travail de préparation et suit un

Lee Pascoe explique : « “Si” est un mot magique parce qu'il permet d'oublier momentanément les limites imposées par la réalité et d'expérimenter comment l'impossible pourrait devenir possible[1]. » Faire comme si est le tremplin de l'imaginaire actif pour inspirer et créer sa vie.

Par la force imaginative de notre enfant intérieur, nous traversons le miroir et percevons alors une nouvelle image de nous-mêmes, celle de notre moi authentique pour qui l'impossible n'existe pas. Selon Jung, « le Soi est un miroir[2] ». En allant de l'autre côté du miroir, l'enfant intérieur nous relie au Soi. Notre personnalité s'efface pour laisser notre individualité, plus ample et en expansion, nous guider vers le sommet de la montagne. Nous retrouvons alors cet état d'être enfantin qui a fait écrire à Mark Twain, l'auteur des aventures de Tom Sawyer et de d'Huckleberry Finn : « Ils ne savaient pas que c'était impossible, alors ils l'ont fait. »

---

protocole précis. Voir la pratique créative de la cinquième partie, p. 258.

1. Lee Pascoe, *Faites comme si ! – Toutes les clefs pour devenir acteur de votre vie et ne plus la subir*, Le Courrier du Livre, « Horizon thérapie », 2004, p. 207.

2. C.G. Jung, *Les Racines de la conscience*, Buchet-Chastel, 1970, p. 307.

Deuxième secret : l'énergie de vie

Le volcan de l'énergie de vie

Notre énergie de vie est comparable à la formidable énergie d'un volcan. Comme celui-ci, nous abritons une chambre qui contient le magma issu des profondeurs du manteau terrestre. Cette chambre est notre préconscient où stagnent les élans créateurs issus de notre inconscient. Il n'est pas rare que des coulées de lave s'échappent des cheminées secondaires disséminées sur le flanc du volcan. Elles sont l'énergie de vie qui cherche à se réaliser et à se concrétiser dans des projets créatifs. Or la lave est une roche en fusion qui se solidifie assez rapidement. Il faut donc battre le fer quand il est chaud, c'est-à-dire savoir utiliser nos élans au moment opportun pour créer notre vie. Le terme « volcan » fait référence au dieu grec antique Héphaïstos, qui forge et façonne les métaux. Il est l'inventeur pour qui aucun miracle technique n'est impossible. Pourtant ce dieu possède une faiblesse spirituelle : né de Zeus et d'Héra, cet enfant laid et boiteux est mal-aimé de son père. Il compense son handicap et le manque d'amour paternel par la perfection de ses œuvres, par le pouvoir qu'il obtient sur les êtres utilisant ses créations et par ses relations amoureuses avec les plus belles femmes, Aphrodite, déesse de l'amour, ou Charis, déesse de la grâce. Il a cultivé le savoir-faire en négligeant le savoir-être. C'est le piège d'une créativité qui n'est pas au service de l'essence spirituelle. Notre énergie vitale est parfois détournée au profit de notre faux moi. La blessure refoulée du manque d'amour, le besoin de reconnaissance qui nourrit le perfectionnisme ou les compensations amoureuses sont autant de voies sans issue.

La nuit de l'âme

Les explosions volcaniques sont d'une force destructrice sans appel. Lorsque nos élans créateurs porteurs d'énergie vitale sont sclérosés ou détournés, l'inconscient exerce une pression de plus en plus puissante pour mettre au jour ce qu'il cache et finit par faire irruption dans notre vie. Nous sommes bouleversés par un événement qui remet en cause la direction que nous empruntions. Ces incidents (échec, accident, maladie...) sont, dans un premier temps, dévastateurs. Dans le brouillard ou les ténèbres, nous avançons sans but, déboussolés et perdus. Nous pouvons traverser une véritable nuit de l'âme. Toutes nos convictions se fissurent jusqu'à ce que, dans un second temps, nous lâchions prise. Nous abandonnons ce que nous pensions être pour offrir à notre énergie vitale de nouvelles terres vierges et fertiles.

La nuit de l'âme[1] est une nuit d'obscurité spirituelle

1. La nuit de l'âme est une épreuve vers la sainteté décrite par de nombreux mystiques comme saint Jean de la Croix ou sainte Thérèse de Lisieux. Sans viser la sainteté, il ne fait aucun doute que certains d'entre nous vivent ce phénomène, mais avec moins d'intensité que chez les saints. Il est propre à toute vie intérieure, un jalon sur la voie de l'accomplissement de soi.

salutaire bien que douloureuse. Elle fait partie intégrante de l'évolution naturelle de l'homme et permet une régénération créatrice qui est l'essence même de la vie. Cette transformation de notre moi reflète notre Soi qui, loin d'être un noyau statique de l'âme, est en état de changement permanent se dépouillant de certains aspects, les transformant et en présentant d'autres sans discontinuer[1]. Nous traversons cette épreuve pour être plus en vie et vibrer à l'unisson de notre véritable essence. Nos carapaces illusoires s'effritent un peu plus pour éclairer le vrai en soi. Nous tombons en cendres pour mieux renaître tel le Phénix.

La nuit de l'âme nous invite au renoncement de nos facultés intellectuelles comme seuls guides de vie. Elle nous exhorte à cultiver une autre force vivifiante de notre enfant intérieur créatif, la foi.

La foi enfantine

Il ne suffit pas de croire que tout est possible pour que cela se réalise dans notre vie. La simple croyance ne résiste pas à la nuit de l'âme. Seule la foi permet de poursuivre le chemin de la créativité. Il ne s'agit pas d'une foi religieuse mais spirituelle, c'est-à-dire d'une intimité profonde avec quelque chose de plus grand que nous, notre nature enfantine. John Bradshaw résume à merveille cette idée : « La nature a doté l'enfant d'une étincelle de vie qui le pousse à explorer son

1. Marie-Louise von Franz, *La Délivrance dans les contes de fées*, Éditions du Dauphin / Éditions Jacqueline Renard, 2004, p. 109.

environnement avec optimisme. [...] Cette confiance et cet optimisme innés – les piliers de ce que l'on appelle la "foi enfantine" – constituent d'ailleurs une partie fondamentale de notre génie naturel[1]. »

Toute perte de contact avec notre enfant intérieur créatif est une perte de vie et de foi. Sans l'énergie de vie de notre enfant intérieur, la monotonie et le vieillissement de nos habitudes étouffent notre créativité et notre génie naturel. La foi stimule et fait circuler sans cesse notre énergie de vie. La foi enfantine est une confiance naturelle dans la vie. La vie et la foi se répondent l'une l'autre. Dans « Le retour des fleurs », l'enfant est l'incarnation d'une pulsion de vie fabuleuse soutenue par une foi sans faille. Cette énergie de vie est une énergie psychique qui produit une chaleur créatrice à l'intérieur de soi et donne du sens à l'existence.

Troisième secret : le chemin du sens

Au-delà du plaisir

Le plaisir peut dissimuler la véritable quête de l'homme. Nous avons beau être mus par la recherche de plaisir, il n'en reste pas moins vrai que, sur le long terme, le plaisir n'a jamais réussi à combler quiconque. Il s'accompagne

1. John Bradshaw, *Retrouver l'enfant en soi*, *op. cit.*, p. 65.

irrémédiablement d'une insatisfaction qui creuse un peu plus le sentiment de vide existentiel. C'est la recherche de sens et non de plaisir qui guide notre vie en profondeur.

Nicole, cinquante-sept ans, confie avec émotion le virage que sa vie a pris en 1990, une époque qu'elle définit comme l'une des plus douloureuses :

J'avais une belle vie. Du moins, c'est ce que tout le monde me répétait. J'étais mariée. J'étais comédienne et j'avais du succès. J'aimais ce métier et j'éprouvais un vif plaisir à être sur les planches. Pourtant je me sentais vide et peu créative. C'était très difficile pour moi d'admettre que cette vie, que j'avais tant souhaitée et dont rêvent de nombreuses personnes, ne me convenait plus. L'élément déclencheur fut un rêve éveillé où m'apparut mon enfant intérieur. C'était une magnifique petite fille blonde d'environ sept ans, très bien coiffée et habillée, ce qui n'était pas mon cas lorsque j'étais enfant. Elle portait une robe bleue à smocks, des socquettes blanches et des chaussures vernies noires (tout ce que je désirais petite). Il se dégageait d'elle une force incroyable. Elle était debout au milieu d'une clairière dans une forêt. Soudain des animaux arrivèrent en file indienne pour aller à sa rencontre. Ils étaient tous blessés ou malades. Certains avaient reçu une flèche, d'autres avaient eu une patte prise dans un piège, etc. La petite fille les soignait en silence un à un et plus elle œuvrait, plus la file grandissait. Ce rêve éveillé me stupéfia. Je ne comprenais pas encore ce que j'avais perçu mais je sentais que c'était le sens de ma vie. Fallait-il que je devienne vétérinaire ? Je me suis longuement questionnée et j'en ai conclu qu'il s'agissait d'une métaphore. Pour moi, les animaux sont mes frères. Je devais donc aider mes semblables, telle était ma véritable mission. C'est ainsi que j'ai entièrement transformé ma vie. Je suis devenue psychothérapeute et j'ai créé ma propre méthode de guérison.

L'expérience de Nicole n'est pas un cas isolé. En contact avec notre enfant intérieur créatif, nous communiquons avec la mémoire vivante de notre génie naturel. Nous redécouvrons ce que nous portons au plus profond de nous-mêmes, l'étendue de nos richesses intérieures. Notre enfant intérieur nous enseigne que notre quête n'est pas de trouver un sens à la vie mais de donner du sens à notre existence.

Donner du sens à sa vie

Plus nous répondons à nos aspirations profondes, plus nous développons une spiritualité qui est un besoin naturel et fondamental de donner du sens à ce que nous vivons. À l'inverse de la religiosité, qui est davantage le désir de donner un sens global et définitif à la vie en cherchant une réponse à l'extérieur de soi, la spiritualité est une recherche intérieure de notre dimension cocréatrice. Tant que nous restreignons le sens de notre existence à quelque chose d'extérieur à nous, nous restons coupés des véritables racines du sens. Une pratique religieuse, un travail, un conjoint, un enfant peuvent difficilement être le sens ultime d'une existence mais ils peuvent faire sens. Seules les concrétisations de notre nature créatrice donnent du sens à notre vie. Notre enfant intérieur est intrépide, volontaire et plein d'envies. Il nous inspire et nous encourage à explorer les multiples facettes de notre nature multidimensionnelle.

Notre mission véritable réside dans l'expression et la réalisation du plus grand nombre d'élans créateurs. Notre créativité s'inscrit dans un cycle continu : création d'un projet, accroissement, force, dissolution, disparition, incubation d'un nouvel élan, création d'un nouveau projet et ainsi de suite[1]. Nombre d'entre nous se limitent incroyablement. Une femme de soixante ans faisait un jour ce constat :

Ma vie n'est qu'une succession de petites boîtes placées les unes à côté des autres. J'ai fait des études. Je me suis mariée et j'ai investi mon rôle d'épouse. Lorsque mes enfants sont nés, je suis devenue une mère. Puis, à leur départ, je me suis rendu compte que je n'avais pas réalisé le quart de tout ce que je rêvais de faire. Je m'autorise seulement maintenant à m'occuper de moi.

Il est essentiel de ne pas surinvestir certains domaines de notre vie aux dépens d'autres jugés plus secondaires. Donner du sens à sa vie revient à trouver un juste équilibre et à accorder de l'importance aux grandes comme aux petites réalisations. Ce respect à l'égard de tout ce qui nous com-

1. Clarissa Pinkola Estès, *Femmes qui courent avec les loups*, *op. cit.*, p. 285.

pose nourrit plus que toute autre action notre sentiment d'être globalement heureux.

Le travail sur l'enfant intérieur est une réponse à notre quête de sens car notre moi authentique cherche à exprimer toute la plénitude de notre essence spirituelle.

Vivre, à quoi ça sert ?

Notre enfant intérieur est une fenêtre grande ouverte sur notre âme et un guide vers une vie remplie de sens. Se poser la question « Vivre, à quoi ça sert ? » peut être légitime, mais c'est aussi le signe que nous sommes en grande partie coupés de l'être enfantin qui nous anime. C'est oublier la sacralité de la vie qui nous invite à reconnaître l'éternel et le symbolique en chaque être. Nous nions souvent notre dimension de cocréateurs, persuadés que nous sommes égoïstes de vouloir nous réaliser. Cette croyance limitative très répandue est liée à une méconnaissance de notre nature créatrice. Nous sommes par essence des êtres spirituels vivant une expérience matérielle. Notre mission est d'apprendre à manifester notre essence et à nous accomplir dans cette réalité matérielle. Ceux d'entre nous qui se réconcilient avec leur enfant intérieur en font l'expérience intime.

Les élans créateurs ont un but qui dépasse largement l'individu. Ils appartiennent à un inconscient plus vaste, familial, groupal ou collectif qui porte les données de l'évolution de toute l'espèce humaine. Donner du sens s'avère une préoccupation récente et profonde de notre société actuelle.

Certains auteurs affirment que nous cheminons lentement vers un abandon progressif des valeurs matérialistes au profit de priorités postmatérialistes comme l'épanouissement personnel ou la qualité de notre environnement[1].

Recréation : rendre possible l'impossible

Pensez à un projet que vous avez réussi alors que vous le pensiez impossible. Écrivez-le sur une feuille puis détaillez les circonstances de ce succès en répondant aux questions suivantes :

- Comment l'idée m'est-elle venue ?
- Quelle était mon émotion dominante ?
- Ai-je pensé que je ne réussirais pas ?
- Me suis-je questionné pour en peser le bien-fondé ?
- Des personnes bienveillantes m'ont-elles soutenu ?
- Ai-je manqué d'énergie pour faire ce que j'avais à faire ?
- Cela avait-il un sens pour moi ? Lequel ?

Constatez à présent quel est le fonctionnement qui vous a conduit à la réussite. Notez quelles sont ses caractéristiques. Vous voilà muni d'un mode d'emploi efficace pour entreprendre d'autres projets prétendus « impossibles ».

1. Daniel Pink se fait l'écho de ces auteurs dans *L'Homme aux deux cerveaux – Apprendre à penser différemment dans un monde nouveau*, Robert Laffont, « Réponses », 2007, p. 230.

Les êtres qui cheminent vers leur enfant intérieur témoignent régulièrement d'une capacité nouvelle à apporter de la joie, de la spontanéité et de la légèreté dans leur entourage familial, amical ou professionnel. Leur choix conscient de prendre par la main leur enfant intérieur accroît leur transformation et celle du monde. Ils sont plus sereins et plus aimants.

Notre enfant intérieur créatif est la clef d'une transcendance de soi qui provient d'expériences de tous ordres dont le noyau est la reconquête d'un amour authentique vis-à-vis de soi. N'oublions pas que la première blessure, le manque d'amour, nous incite à cette guérison du cœur. Générer de l'amour authentique dans tout ce que nous entreprenons est sans doute la meilleure façon d'être créatifs et de créer du sens.

Exprimer l'enfant créatif en soi

La naissance du jeu

Éveiller et utiliser les forces de notre enfant intérieur revient à maximiser nos caractéristiques d'enfant : la foi en la vie, l'amour des autres, un imaginaire illimité, la joie, la spontanéité, l'authenticité, l'innocence, etc. Se reconnecter avec l'enfant en soi est la véritable marque de la maturité. Pourtant, il existe une force de l'enfant intérieur qui mobilise toutes les autres. Elle fait partie intégrante de notre nature profonde mais c'est aussi celle qui a été le plus refoulée ou détournée de son essence : il s'agit du jeu. Le jeu est universel et le propre de l'enfant, c'est pourquoi il ouvre la voie à une créativité originale qui donne accès à l'enfantin en soi. La naissance du jeu chez l'enfant remonte à son plus jeune âge[1]. Le parallèle qui peut être fait entre l'apparition du jeu chez l'enfant et la création du monde dans les mythes cosmogoniques est stupéfiant. Cela nous confirme que le jeu est l'outil privilégié de tout adulte qui devient le cocréateur de sa vie.

Dès six mois, l'enfant s'amuse à laisser des traces autour de lui. Il joue avec les aliments qu'il projette gaiement autour de lui. Il découvre qu'il peut les organiser et prend du plaisir à les façonner. Dans « Le silence du dieu Khumbo[2] », le dieu crée le monde en ordonnant les planètes et les astéroïdes.

Vers l'âge de deux ans, l'enfant choisit un objet privilégié, toujours le même, stable mais malléable pour le malaxer à souhait. C'est le doudou qui subira de nombreux outrages mais qui restera parfaitement reconnaissable pour l'enfant. Dans le mythe de Khumbo, le démiurge découvre par hasard le noyau mou d'une noix. Il le modèle pour créer l'homme et la femme.

En grandissant, l'enfant joue avec les autres. Il entre en contact et partage ses émotions, ses rêves et ses plaisirs. Le

---

1. Nous reprenons ici les étapes du jeu chez l'enfant décrites par Serge Tisseron dans son article « Les objets et leurs enjeux dans la séance de thérapie familiale psychanalytique », *Le Divan familial – Revue de thérapie familiale psychanalytique*, n° 16, *Jeu et créativité*, In Press Editions, printemps 2006, p. 97-98.

2. Histoire contée dans la deuxième partie, p. 71.

jeu n'est plus uniquement une activité créative pour lui mais devient une création groupale. Jouer, c'est vivre avec les autres. Dans l'histoire de Khumbo, le dieu communique avec les hommes par un cérémonial, une forme ritualisée de jeu, où le rôle de l'arbre, des noix et de l'eau rappelle l'origine du monde.

Le jeu est une activité de plaisir, de symbolisation et d'inventivité qui permet à chacun de restaurer et de manifester son véritable moi créatif. D.W. Winnicott affirme clairement : « C'est en jouant, et seulement en jouant, que l'individu, enfant ou adulte, est capable d'être créatif et d'utiliser sa personnalité entière[1]. »

L'espace et le temps du jeu

Ashley Montagu, éminent anthropologue de l'université américaine de Princeton, a montré dans son livre *Growing Young* (Redevenir jeune) que l'énergie de l'évolution nous guide vers un état de jeunesse retrouvée[2]. Le jeu est une voie royale pour aboutir à cette nouvelle maturité. Il écrit d'ailleurs : « Le jeu de l'enfant est un bond de l'imagination qui va bien au-delà des capacités de toute autre créature[3]. » Le jeu et l'imaginaire engendrent une relation

1. D.W. Winnicott, *Jeu et réalité*, Gallimard, « Folio essais », 1975, p. 110.

2. Préface de John Bradshaw pour *S'ouvrir à son cœur d'enfant*, *op. cit.*, p. 10-11.

3. Cité par John Bradshaw, *Retrouver l'enfant en soi*, *op. cit.*, p. 74.

subtile et créatrice entre les êtres humains qui semble échapper aux lois ordinaires de la physique et qui transcende le temps et l'espace.

Le jeu est une manière de revenir à un état où le temps et l'espace sont en partie abolis pour générer une perception plus fine et pénétrante de la vie. Le jeu plonge celui qui s'y adonne avec innocence dans l'instant présent, l'ici et maintenant. Nous faisons tous cette expérience de perte de nos repères spatiaux et temporels lorsque nous sommes plongés dans une activité créatrice. Cette qualité essentielle du jeu explique son importance dans le travail thérapeutique sur l'enfant intérieur. D.W. Winnicott est le premier à avoir insisté sur l'« écoute qui joue » à appliquer en psychothérapie qu'il décrit ainsi : « Là où jouer n'est pas possible, le travail du thérapeute s'oriente pour amener le patient d'un état où il n'est pas capable de jouer à un état où il en est capable[1]. »

Adultes, nous aimerions jouer mais nous avons trop souvent peur. La méthode « Cœur d'enfant » propose de nombreux jeux créatifs comme adopter une peluche câline pour dialoguer avec l'enfant en soi. Au-delà de la peur infondée de régresser, de perdre une image d'adulte sérieux ou d'homme viril, ce jeu procure à celle ou celui qui le pratique au quotidien un sentiment de sécurité et de confiance indispensable pour retrouver la liberté, la spontanéité et la joie. C'est sur la base du jeu que s'édifient l'existence et l'expérience de l'homme. Si nous n'avons pas pu jouer en sécurité et à notre aise lorsque nous étions enfants, il n'est pas trop tard pour

1. D.W. Winnicott, *Jeu et réalité*, *op. cit.*, p. 84.

réjouir notre enfant intérieur. Nous serons plus à même d'être créateurs dans notre vie de tous les jours. Jérôme, trente-cinq ans, témoigne :

Au départ, c'était plutôt difficile. J'avais cette peluche déposée sur mon lit et je la regardais d'un œil soupçonneux. Un matin, je me suis surpris à lui parler et à lui souhaiter une bonne journée. Un soir, je lui ai dit ce que j'avais le plus apprécié dans ma semaine. Depuis, je fais cela tout le temps et j'en tire un bénéfice incroyable. Je me sens plus confiant en la vie et mes amis me trouvent plus serein. Cette peluche illumine ma vie sans que je sache trop ni comment ni pourquoi.

La peluche câline est un objet transitionnel qui facilite la communication avec notre monde intérieur. Lui confier nos joies, nos peines, nos espoirs est une manière de conscientiser nos élans ou nos entraves. Nous devenons naturellement de meilleurs amis et alliés pour nous-mêmes.

La constellation du paysage intérieur est un autre outil surprenant de la méthode « Cœur d'enfant ».

En astronomie, une constellation est un groupement d'étoiles formant une figure sur notre voûte céleste. Bien qu'apparemment proches les unes des autres, ces étoiles sont fort éloignées et n'ont que très rarement de liens entre elles. Nos paysages intérieurs sont semblables. Nous conservons en nous de nombreux éléments qui ne nous appartiennent pas. Lorsqu'une personne fait sa constellation, elle découvre ce qui génère le blocage de toutes ses forces et ressources intérieures. Pour figurer son paysage du moment lié à une problématique, elle choisit des membres du groupe, volontaires, pour incarner des personnages, des sous-personnalités, des idées, des archétypes, des animaux, des objets… Elle redevient l'architecte de sa vie et chemine vers une représentation plus pacifiée et nourrissante de son paysage intérieur. Après sa constellation, la personne est invitée à dessiner l'image de guérison et de transformation qu'elle a fait naître. La constellation du paysage intérieur est une mise en espace et en jeu de l'inconscient qui offre l'opportunité d'expérimenter notre dimension de cocréateurs. La créativité de ce jeu autorise l'émergence de données inconscientes telles les blessures de l'enfance, la souffrance niée ou les richesses intérieures oubliées. C'est un accès direct à notre vérité intérieure. La distorsion du temps et de l'espace générée par ce jeu permet des explorations qui semblaient impossibles et des transformations symboliques qui sont, pour notre cerveau, aussi réelles que notre réalité. Par ce jeu, chacun peut rencontrer de nouveaux possibles qui deviendront les nouveaux fondements de sa vie. Un jour, dans sa constellation, une femme a vécu une rencontre émouvante avec un bébé qu'elle avait perdu à trois mois. Ce fut un moment magique. Les paroles authentiques qui furent échangées touchèrent toutes les personnes présentes. La paix et l'amour régnaient si fortement dans la pièce qu'ils en étaient presque palpables. La constellation du paysage intérieur dévoile un autre aspect du jeu : la capacité de guérir, non seulement des attitudes, mais aussi des personnes. Le jeu stimule notre pensée créatrice et accroît notre humanité.

Enfin, voici un jeu que la plupart d'entre nous connaissent. C'est l'un de ceux qui nous amusaient enfants : la lecture de nuages. Allongés sur l'herbe, laissons notre esprit divaguer en regardant la forme des nuages. C'est une façon d'interroger le ciel, en réalité notre inconscient, pour recevoir des messages qui guideront notre vie. C'est un retour à une forme d'expérience originelle, à une perception d'enfant. Émilie, la quarantaine, explique :

> *Je me suis confortablement installée dans mon jardin avec une feuille et des crayons de couleur et j'ai admiré le ciel nuageux sans trop y croire. Des cumulus se déplaçaient avec volupté, se métamorphosant délicatement. J'ai tout d'abord vu des animaux puis des objets et des personnages. J'ai écrit une histoire de trois pages. Deux jours après, je l'ai relue. J'ai été frappée par la fraîcheur et la profondeur de mes mots. Je me croyais incapable d'une telle créativité. Le plus étonnant résidait dans la dimension initiatique de mon écrit. Il m'a inspirée et j'ai résolu des difficultés qui gâchaient ma vie. Je le sais aujourd'hui : les nuages m'ont dévoilé ma légende personnelle.*

Nombre d'entre nous oublient que les nuages peuvent nous dévoiler des clefs pour mieux guider notre existence. Il suffit de les regarder et de simplement être à l'écoute de sa légende personnelle.

Sous toutes ses formes, le jeu répond à un besoin vital de faire circuler l'énergie créative, fertile, imaginative et idéative en soi. Il a la faculté de transformer l'individu, de l'aider à guérir et à évoluer. Il nous emmène au-delà des apparences et du temps chronologique. C'est un accès à notre vérité intérieure et une ouverture à notre inconscient.

La perte du jeu

L'absence de jeu chez un individu, dans un couple ou au sein d'une famille est le symptôme d'une souffrance qui bloque la créativité. Il est le signe que la vérité de l'enfant intérieur n'est ni entendue ni autorisée. La perte du jeu est parfois la marque d'une soumission à une personnalité adaptée qui croit qu'être adulte, c'est porter un masque blasé, triste et sérieux. C'est notre santé psychique qui est alors en péril. D.W. Winnicott rappelle : « L'activité du jeu facilite la croissance et, par là même, la santé[1]. »

« C'est pas du jeu ! » s'exclament les enfants lorsque les règles ne sont pas respectées. En effet, le jeu peut être détourné, corrompu par le faux moi pour pallier des manques. Certains d'entre nous, une fois adultes, accumulent des jouets de grand (voitures, gadgets…) pour être reconnus, avoir de l'importance. Nous jouons avec les sentiments des autres pour tenter d'avoir du pouvoir et du contrôle sur ce qui nous entoure. Et si le vide intérieur est trop grand et les poisons de notre âme trop virulents, nous sombrons dans l'addiction à toutes sortes de jeux (loteries, jeux de casino, jeux vidéo ou en ligne, etc.). Toutes ces attitudes sont des stratégies d'évitement destinées à nous éloigner du lâcher-prise que fait naître le jeu véritable. Les jeux sont ce que nous en faisons. Seule importe la nature de notre motivation : obéissons-nous à une énergie autodestructrice ou à un élan de créativité ?

1. *Id.*, p. 90.

Pour restaurer notre vie créative, rendons amusants le plus grand nombre d'aspects de notre vie. Vivre n'est pas une suite de leçons ennuyeuses. Si nous abordons avec joie ce que nous considérons dans la vie comme des contraintes, nous recevrons en retour plus de légèreté et de gaieté. Lorsqu'il nous est difficile de faire naître la joie, n'hésitons pas, par exemple, à côtoyer des personnes gaies, à aller voir un spectacle comique ou un film burlesque. Notre état intérieur peut se transformer beaucoup plus rapidement que nous le croyons. Il suffit de faire un premier pas et de laisser ensuite s'exprimer notre enfant intérieur. L'amusement est un élément-clef du jeu véritable et de la vie. C'est une manière profonde et spirituelle d'être en lien avec soi et les autres.

Mark Twain, l'auteur des *Aventures de Tom Sawyer*, déclarait : « Le jeu, c'est tout ce qu'on fait sans y être obligé. » C'est une belle définition du jeu véritable : un acte pur, libre et spontané.

Du jeu au je

Julia Cameron, écrivain reconnu, souligne : « Les chemins de la créativité, c'est un voyage spirituel, un pèlerinage dans la maison du Moi [1]. » Le jeu est probablement un chemin peu fréquenté et pourtant c'est un formidable moyen d'explorer son moi. Marc avait vingt-cinq ans

1. Julia Cameron, *Libérez votre créativité – Osez dire oui à la vie !*, J'ai lu, 1995, p. 326. Ce livre est qualifié de « bible des artistes ».

lorsqu'il s'est inscrit à un atelier d'improvisation théâtrale[1]. Après dix ans de pratique, il témoigne :

> *L'improvisation m'a beaucoup libéré. Je me suis autorisé à exprimer de multiples facettes secondaires ou secrètes de ma personnalité. Comme chaque rôle est caricaturé, je me dévoile plus facilement et je ris de moi-même. J'ai ainsi pu réunir en moi de nombreux éléments éparpillés. Je me sens plus unifié.*

La langue française est ainsi faite que la prononciation du mot « jeu » est très proche de celle du pronom personnel « je ». Ce n'est pas un hasard. Le jeu transcende les oppositions et les paradoxes qui sont les nôtres pour fortifier notre moi. En lien avec notre enfant intérieur créatif, nous sommes plus solides, plus entiers et capables de nous ouvrir à la dimension ample et illimitée de notre être. C'est pourquoi D.W. Winnicott constate : « C'est en étant créatif que l'individu découvre le soi[2]. »

Au cœur de la créativité

« Le retour des fleurs » est une belle métaphore des bienfaits de la réconciliation avec l'enfant intérieur. Celui-ci est

1. La méthode « Cœur d'enfant » utilise certains aspects de l'improvisation théâtrale pour développer les qualités de spontanéité, de rapidité et d'expression de soi.
2. D.W. Winnicott, *Jeu et réalité*, *op. cit.*, p. 110.

le seul à pouvoir offrir à l'adulte les fleurs de son âme, c'est-à-dire toutes ses richesses intérieures oubliées. En grandissant, nous sommes entrés en hibernation. Exprimer l'enfant créatif en soi réveille les qualités spirituelles les plus élevées chez l'être humain. C'est le sens même des paroles du poète Khalil Gibran : « Les fleurs sont les rêves de l'hiver racontés, le matin, à la table des anges. » Notre enfant intérieur, notre ange, est le seul à posséder tous les secrets de notre créativité. Il ne les connaît pas intellectuellement, il les vit simplement. Aller à sa rencontre, c'est devenir mature et tourner le dos à l'adulte adapté qui cultive le rejet des profondeurs de sa nature humaine, perdant ainsi une grande partie de sa capacité à jouer et à être créatif. La créativité est un travail de réalisation de l'inconscient dans la matière. C'est jardiner ses possibles.

Julia Cameron conclut : « Être au cœur de la créativité est une expérience d'union mystique ; le cœur de l'union mystique est une expérience de la créativité[1]. » Notre enfant intérieur nous réconcilie avec notre nature spirituelle de cocréateur. La vie est un jeu auquel il convient de s'adonner sérieusement, sans se prendre au sérieux, comme les enfants savent si bien le faire. La vie n'a pas d'autre but que de nous rendre plus humains, pleins d'âme. N'oublions jamais que pour notre enfant intérieur, le jeu est une expérience sacrée, un OUI à la vie !

1. Julia Cameron, *Libérez votre créativité*, *op. cit.*, p. 21.

Pratique créatrice 4
Animer ses qualités

Tous, sans exception, nous possédons des qualités et des potentialités qui nous rendent uniques. Il n'est pas facile d'oser être soi, de s'exprimer et de dévoiler ses qualités ; nous n'en avons pas l'habitude et la crainte d'être jugés est souvent bien présente. Voici un jeu qui va vous aider à animer vos qualités, c'est-à-dire à les intégrer et à les faire vivre.

Étape 1

Vous allez vous lancer dans une enquête auprès d'une dizaine de personnes de votre entourage : proches, amis, collègues de travail... Uniquement des personnes que vous ressentez positives et bienveillantes. Vous allez leur demander : « Peux-tu me dire trois qualités que tu perçois chez moi ? » Vous allez noter soigneusement les réponses que vous obtiendrez.

Étape 2

Vous voici doté d'une trentaine de qualités. Classez-les en trois familles :

1. Les qualités qui sont souvent revenues.

2. Les qualités que vous avez reçues quelque fois.
3. Les qualités isolées ou qui vous surprennent.

Regroupez les qualités qui se ressemblent (par exemple : la force, la puissance et l'énergie sont de même teneur).

Étape 3

Munissez-vous d'une très grande feuille de papier Canson et d'un stylo. Dessinez trois cercles qui s'emboîtent puis notez les qualités que vous avez reçues en suivant les indications ci-dessous :

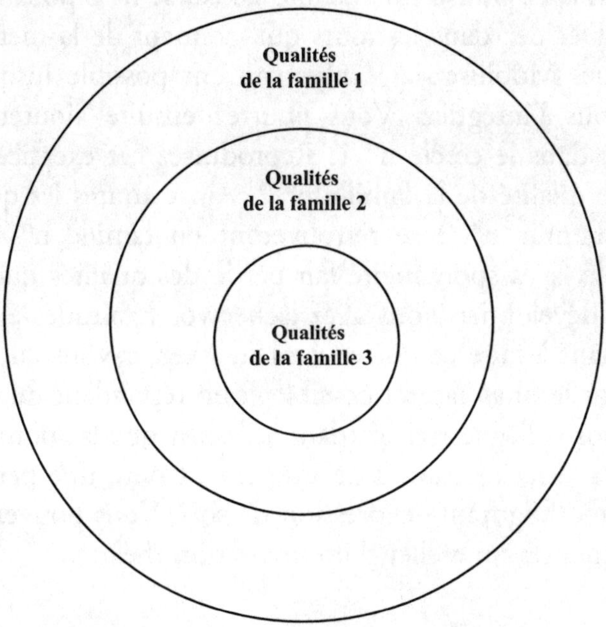

Les qualités du cercle n° 1 sont celles que vous montrez le plus. Si vous ne les reconnaissez pas, conscientisez le fait que ces qualités sont des évidences. Vous ne pouvez pas en douter. C'est comme le nez au milieu du visage. Les qualités du cercle n° 2 sont présentes en vous mais nécessitent que vous les développiez davantage. Enfin, les qualités du cercle n° 3 sont les plus enfouies. Elles sont le reflet de votre nature profonde que vous ne révélez pas encore.

Étape 4

Vous allez choisir une qualité du cercle n° 2 pour la faire vivre. Décidez dans les jours qui viennent de la mettre en pratique. Mobilisez-la le plus souvent possible jusqu'à ce que vous l'intégriez. Vous pourrez ensuite ajouter cette qualité dans le cercle n° 1. Reproduisez cet exercice pour chaque qualité de la famille n° 2. Ainsi, toutes les qualités de la famille n° 2 se retrouveront en famille n° 1. Par exemple, si la spontanéité fait partie des qualités que vous avez à développer, vous allez lâcher vos habitudes en vous autorisant à faire ce qui vous plait. Exercez-vous au travail en étant le plus naturel possible et en répondant du tac au tac à vos collègues (en gardant à l'esprit que la spontanéité n'est pas une réaction à un événement ou à une personne mais une fulgurante expression de soi). Vous pouvez aussi expérimenter un atelier d'improvisation théâtrale.

Étape 5

Suivez le même principe pour toutes les qualités de la famille n° 3. Reconnaissez-les pour les faire passer en famille n° 2 puis intégrez-les pour les faire arriver en famille n° 1.

Plus vous consacrerez de temps et d'énergie à manifester vos qualités, plus vous gagnerez en confiance. Il vous sera plus facile de faire face aux événements de votre vie. Cette pratique peut sembler simple mais elle est très puissante. Elle va accroître votre sentiment d'efficacité personnelle. C'est un entraînement pour assumer la belle personne que vous êtes profondément. Vous pourrez après quelque temps enquêter à nouveau pour constater, au travers du regard des autres, votre propre évolution.

Il n'est pas rare que face à la découverte de nos qualités, nous soyons dans un premier temps mal à l'aise. Des rougeurs, un rire ou même des larmes peuvent trahir notre embarras. Si cela vous arrive, respirez profondément. Ne vous attachez pas à ces petits symptômes, ils disparaîtront au fur et à mesure.

5.

La quête du cocréateur
ou comment façonner sa vie à son image

Chaque adulte peut cultiver des états intérieurs créatifs et spirituels pour être le cocréateur de sa vie.

« Hâte-toi
Hâte-toi de transmettre
Ta part de merveilleux, de rébellion, de bienfaisance. »

René Char

Histoire : La naissance des étoiles[1]

Tous, nous avons entendu dire que les peuples d'autrefois craignaient que le ciel ne leur tombât sur la tête. Cette peur remonte à l'aube de l'humanité, à une époque oubliée de tous où le ciel n'était pas à sa place, tout là-haut comme aujourd'hui.

En ce temps-là, le ciel était bas.

Si bas que les arbres ne parvenaient point à croître.

Si bas que les oiseaux peinaient à voler de branche en branche.

Si bas que les nuages jonchaient le sol.

Si bas que tous les hommes marchaient voûtés en regardant leurs pieds.

---

1. Ce récit est inspiré du conte apache *Comment le ciel est devenu grand* que nous a fait découvrir Florence, conteuse et guide dans la forêt de Brocéliande : http://lemoulinahistoires.blogspot.com

Seuls les enfants étaient heureux. Leur petite taille leur permettait de gambader, de jouer et de sauter à loisir. Pourtant, ils savaient au plus profond d'eux-mêmes que, le temps venu, ils deviendraient grands et qu'à leur tour, ils marcheraient courbés en regardant leurs pieds. Quelle triste perspective…

Un jour, ils décidèrent de congédier le destin. Pour cela, le ciel devait grandir avec eux et se loger là-haut, tout là-haut où se perdent les regards. Lors d'une grande assemblée, les enfants eurent l'idée de choisir des mâts, de les lier à des cordages et de les hisser afin que le ciel se soulevât. Malgré leurs efforts, ils échouèrent dans cette tâche qui semblait surhumaine. Mais il en fallait plus pour décourager les enfants… Ils prirent le lendemain des mâts plus longs et, de toutes leurs forces, renouvelèrent l'expérience. Le ciel vrombit mais ne bougea pas.

Les adultes, qui jusqu'alors riaient sous cape, furent touchés par l'incroyable détermination de leurs enfants. Ils décidèrent de les aider et, ensemble, ils s'attelèrent à soulever ce ciel indomptable avec des mâts bien longs, si longs que… un, deux, trois, oh hisse… encore ! Un, deux, trois, oh hisse… le ciel céda enfin devant tant d'ardeur pour se nicher tout là-haut.

Le ciel était à présent si haut.

Si haut que les arbres développèrent leurs tendres bourgeons. Si haut que les oiseaux prirent leur envol vers l'horizon. Si haut que les nuages se gonflèrent de volupté vers le lointain.

Si haut que les hommes purent savourer la simple liberté d'être, de respirer, de marcher, de vivre comme leurs corps le souhaitaient.

Mais enfants et adultes n'étaient pas au bout de leur surprise. Les heures passèrent et le soleil se coucha, laissant place à l'immense obscurité. La nuit fit son entrée. C'est alors qu'en contemplant la lointaine voûte céleste, une lueur, tel un reflet inconnu, se mit à briller dans le regard de chacun. Le ciel, entièrement troué par les mâts, scintillait de mille feux… Dans chaque trou, il y avait une étoile !

La réconciliation en soi

Le point de départ de ce conte est un triste constat : le ciel étant trop bas, les êtres vivants ne parviennent pas à s'épanouir pleinement. L'image du ciel est universelle. C'est une manifestation directe de la sacralité et de la transcendance. Le fait qu'il se trouve tout en haut évoque l'existence et la puissance d'un ordre sacré de l'univers qui, dans notre histoire, semble être complètement bouleversé. Les hommes courbés ne reconnaissent plus leur nature spirituelle et transcendante. Seuls les enfants aspirent à conserver cet état d'être qu'ils expriment naturellement et spontanément par leur énergie vitale et leur joie.

Ce conte est une métaphore de la nécessaire et urgente réconciliation de l'adulte et de l'enfant à effectuer en soi. Les enfants sont vivants, en lien avec le sens sacré de la vie, mais ils ne peuvent pas concrétiser tout ce qu'il y a en eux. Malgré l'élan créateur qui les inspire et leurs efforts, ils ne parviennent pas à soulever le ciel. Les adultes, blasés, soumis aux contraintes de la vie, ne sont plus capables d'imaginer qu'autre chose est possible. Ils raillent même l'innocence des enfants, innocence incomprise, méprisée et jugée dérisoire.

L'heureuse issue résulte de leur union, d'une alliance de la force des adultes avec la foi visionnaire des enfants qui nous remémore les origines de notre propre puissance.

La puissance sur soi

« La naissance des étoiles » est l'histoire d'un succès, d'une réussite grâce aux efforts conjugués de tous. Elle est le rappel de la puissance sur soi qui « révèle la profonde aspiration à concrétiser ses capacités et ses talents, à développer son potentiel, à s'épanouir pour se réaliser. La puissance est un signe, le signe que l'on assume sa nature spirituelle qu'il est vain de vouloir fuir[1] ». En tant qu'adultes adaptés, nous ne pouvons assumer notre nature spirituelle qu'en rendant sa place à notre enfant intérieur, notre moi véritable, qui est en lien avec ce qu'il y a de plus authentique, créatif et aimant en nous.

1. *S'ouvrir à son cœur d'enfant*, *op. cit.*, p. 215.

La puissance sur soi est la réalisation de notre vérité intérieure dans notre réalité matérielle. Elle nécessite une incessante communication avec notre monde intérieur pour connaître les élans et les aspirations du Soi en perpétuelle évolution. Elle demande aussi de s'ouvrir aux autres et à la vie pour bénéficier de toutes les opportunités qui s'offrent à nous pour concrétiser nos plus belles richesses intérieures.

Abraham Maslow constatait que les individus en cours d'accomplissement étaient portés par des valeurs de l'être, des besoins élevés impérieux comme la beauté, la justice, la vérité, l'amour, etc.[1]. Ces hommes et ces femmes se sentent « appelés » à accomplir une mission. Même si nous l'ignorons encore, nous avons tous une mission qui exige que nous exprimions notre propre puissance, notre spiritualité pour être les guides, les maîtres, les cocréateurs de notre vie.

L'accomplissement de soi

La réconciliation de l'adulte et de l'enfant intérieur est une voie vers l'accomplissement qui n'est pas une fin en soi mais un processus. Cette vérité est illustrée dans le conte par la découverte, à la nuit tombée, du ciel étoilé qui symbolise l'inconscient collectif. Les hommes redécouvrent ce lien avec l'univers. La lueur des étoiles éclairant le regard de chacun figure la descente et l'intégration de l'essence

1. Abraham Maslow, *Être humain*, *op. cit.*, p. 65-66.

spirituelle dans la conscience humaine. Dans la mythologie égyptienne, l'âme du défunt traversait le monde des morts pour devenir étoile. L'étoile est l'expression de notre transcendance et de notre essence véritable. L'homme est une partie intégrante de l'univers et porte l'essence du cosmos en lui.

Par l'union du moi adulte et du moi enfantin, nous assumons notre responsabilité d'exprimer notre Soi et d'être des cocréateurs. Toutes les forces et tous les secrets de l'enfant intérieur redonnent à l'adulte unifié sa puissance créatrice. N'oublions pas que nous sommes le cœur et au cœur de la création de notre vie.

De même que la puissance sur soi ne s'acquiert qu'avec du temps et de la discipline, l'accomplissement de soi et de sa mission ne s'obtient que par petites avancées successives. L'homme entier (qui tient par la main son enfant intérieur) voit l'étoile mais il n'est pas encore cette étoile. Il rentre d'exil et part à la conquête de son paradis perdu. L'issue du voyage n'est pas primordiale, seuls importent les mâts qu'il aura réussi à dresser dans sa vie pour repousser toujours un peu plus loin ses propres limites.

Re-création :
cultiver la patience

Sans doute ressentez-vous une incroyable envie de changer certains aspects de votre vie. Pour être créatif, il est nécessaire d'être actif mais en cultivant la patience. La patience est la science des petits pas. Quand nous voulons transformer notre vie, le but à atteindre peut nous paraître si monumental qu'il risque de nous effrayer. Nombre d'entre nous pensent que les choses qu'ils désirent sont impossibles car ils nient les multiples étapes primordiales à la réalisation d'un projet. Vous allez commencer par de petites actions simples en respectant bien vos besoins de sécurité et d'amour.

Vous allez intégrer cette nouvelle perspective par le petit rituel suivant. En vous levant et en faisant votre premier pas de la journée, dites à voix haute :

Aujourd'hui je chemine tranquillement par mes actions vers l'accomplissement de tous mes projets de vie.

Renouvelez chaque matin ce rituel jusqu'à ce que vous ressentiez que vous avez intégré la patience nécessaire à toute réalisation de soi.

La pratique créatrice 5 (p. 258) vous aidera à éclaircir vos projets et les étapes à poser pour les concrétiser.

À l'extérieur comme à l'intérieur

Un moi entier et empathique

Prendre chaque jour soin de son enfant intérieur, l'écouter et manifester son génie naturel mènent à une profonde maturité, celle d'un moi entier. Chaque adulte réconcilié et entier n'est pas un être totalement accompli mais pleinement en devenir. Ce n'est pas une tâche aisée mais c'est un jeu passionnant que d'accéder à son intériorité et l'exprimer du mieux possible dans tous les aspects de sa vie. Seul un moi entier est capable de construire un pont praticable vers le Soi et s'autorise à vivre le plus pleinement possible. Et même si la réalisation est souvent en deçà de la vision intérieure initiale, même si toutes nos idées créatrices ne sont pas forcément géniales, nous nous devons de cultiver l'attitude d'un bon parent qui accueille, félicite, encourage et soutient toutes les initiatives vers un progrès.

L'adulte et l'enfant main dans la main symbolisent un moi entier et fonctionnel qui mobilise les plus hautes capacités humaines pour avancer. L'empathie est l'une d'elles. C'est l'aptitude à ressentir les états affectifs de l'autre en se connectant à sa propre sensibilité. L'ouverture à notre enfant intérieur nous relie à notre souffrance. En l'embrassant nous développons naturellement de l'empathie. Quel que soit notre vécu, nous entrons en résonance avec la souffrance de l'autre. L'histoire de sœur Emmanuelle est un formidable exemple de cette empathie. À l'âge de six ans, elle fut témoin de la noyade de son père à Ostende et en resta marquée toute sa vie. Néanmoins, elle transcenda cette blessure en une grande humanité et en une formidable compassion. Elle put ainsi s'ouvrir à la souffrance de tous les enfants dans le monde. Son combat en Égypte dans les bidonvilles du Caire où elle vécut parmi les plus démunis, les chiffonniers, nous enseigne que l'empathie est une condition nécessaire à l'amour et à la joie. Tel un bon parent, sœur Emmanuelle ne s'est jamais résignée et n'a jamais renoncé à la joie naturelle de son enfant intérieur. « *Yalla!* (En avant!) » clamait-elle sans cesse.

L'empathie est une force du cocréateur. Elle est le signe d'une bonne gestion de ses émotions, alliées de son cheminement vers sa vérité intérieure. L'empathie est une langue universelle qui engendre du sens et de la joie. Elle nous rend plus entiers et forcément plus humains.

Le cerveau du cocréateur

Les recherches récentes sur le cerveau sont la source d'une nouvelle vision de l'être humain. Dans son ouvrage *L'Homme aux deux cerveaux*, Daniel Pink rappelle que notre cerveau est constitué de deux hémisphères dont les fonctions différentes se complètent[1]. L'hémisphère gauche est

1. Ces découvertes sont nées avec les travaux novateurs de Roger W. Sperry, prix Nobel de médecine, mort en 1994. Daniel Pink déclare : « Les neuroscientifiques s'accordent à dire que les deux hémisphères du cerveau approchent de manière très différente le

séquentiel, logique et analytique. Il nous permet d'avoir une pensée rationnelle, d'analyser les détails et de manier les mots pour décrire nos expériences. L'hémisphère droit est non linéaire, intuitif et holistique. Il est synthétique. Il ne s'intéresse pas à ce qui est dit mais à la manière dont cela est dit. Il interprète les émotions et les expressions non verbales. Il est aussi le siège de l'image et des métaphores. La thèse de Daniel Pink est que nous cheminons vers une ère conceptuelle où nos possibilités inventives et empathiques (qualités inhérentes au cerveau droit) fonderont la société de demain.

Nous avons visiblement oublié que notre cerveau est conçu pour être au service d'une véritable respiritualisation de notre vie et de notre conception du monde. La métaphore de l'enfant intérieur est une image du cerveau droit. Jusqu'à l'âge de six ou sept ans (l'âge de raison), l'enfant utilise particulièrement les qualités propres au cerveau droit. C'est avec l'acquisition du langage et de la pensée logique que l'enfant mobilise le cerveau gauche, qui devient dominant. Siège des émotions et régulateur du stress, l'hémisphère droit a dû faire face aux dommages causés par les blessures maîtresses de notre enfance. C'est pourquoi la reconnexion avec cet hémisphère procure une libération émotionnelle du vécu douloureux de notre passé, la transformation de nos images intérieures et la mobilisation de nos facultés créatives. Accorder plus de place au jeu, au sens, à la foi, à la joie et à l'empathie mobilise les fonctionnalités cérébrales de l'hémisphère droit. C'est une manière de

---

pilotage de nos actions, notre compréhension du monde, notre réaction aux événements » (*L'Homme aux deux cerveaux*, *op. cit.*, p. 28).

prendre par la main notre enfant intérieur et de façonner notre vie à l'image d'une intériorité régénérée et revitalisée.

De plus en plus de recherches neuroscientifiques remettent en cause le dogme matérialiste qui se résume à l'idée (sans d'ailleurs pouvoir la démontrer) que nos pensées, nos sensations, nos joies et nos peines sont simplement le résultat de processus physiologiques dans les tissus du cerveau. Une des nouvelles hypothèses stimulantes est que notre cerveau est semblable à un téléviseur. Un téléviseur transforme des ondes électromagnétiques, reçues par l'intermédiaire du câble ou d'un satellite, en sons et images. Notre cerveau s'avérerait être un récepteur très perfectionné dont de nombreuses fonctionnalités restent endormies. Il ne s'agit pas de nier la réalité des phénomènes physiologiques perceptibles dans le cerveau. S'ils sont bien la preuve d'une activité cérébrale, cela ne signifie pas qu'ils sont la source de notre conscience.

Les études scientifiques sur les expériences religieuses, spirituelles ou mystiques ouvrent de nouvelles perspectives en établissant que notre conscience élargie s'étend au-delà de notre cerveau[1]. Plus notre conscience est en expansion, plus nous vivons une expérience spirituelle et créatrice que notre cerveau capte, organise et traduit en émotions, pensées et mots.

---

1. Mario Beauregard et Denise O'Leary, *Du cerveau à Dieu – Plaidoyer d'un neuroscientifique pour l'existence de l'âme*, Guy Trédaniel éditeur, 2008. Cet excellent livre, d'un neuroscientifique de renommée internationale, aborde avec rigueur l'étendue des recherches actuelles en défendant une approche non matérialiste intelligente.

Notre cerveau est à l'image de notre nature de cocréateurs. Il possède les fonctionnalités nécessaires pour répondre à notre quête : être en lien avec le Soi et le Tout.

L'intériorité créatrice

Nombre d'adultes ont le sentiment de subir leur vie, d'être manipulés ou ballottés par des événements sur lesquels ils croient ne pas avoir prise. Ils se sentent las, fatigués et moroses. Ils sont perdus et en quête d'un sens à leur vie. Prisonniers des valeurs d'une société désacralisée, persuadés que le bonheur est le fruit du confort matériel, des femmes et des hommes vivent de plus en plus éloignés, séparés de leur monde intérieur.

Aller à la rencontre de son enfant intérieur est l'un des meilleurs moyens de cultiver une vie intérieure riche et créatrice, de rejoindre sa propre source et de nourrir la spiritualité qui sommeille en soi. Cette intériorité créatrice mène à une prise de conscience radicale : l'être humain n'est pas vide mais plein de possibles à semer, à arroser et à jardiner.

L'intériorité créatrice qui mène à la plénitude et à l'accomplissement de soi obéit à huit attitudes majeures :

1. Reconnaître l'enfant qui vit en nous et lever le refoulement qui cache nos blessures et nos souffrances mais aussi toutes nos richesses. Symboliser cet enfant par une peluche est souvent le meilleur moyen de communiquer avec lui.

2. Mettre toute notre énergie et toute notre force au service de la protection de cet enfant. Il s'agit, par exemple, de ne plus autoriser des paroles ou des actes meurtrissants à notre égard, même s'ils viennent de nos proches.

3. Devenir un bon parent et répondre aux besoins fondamentaux de notre enfant intérieur. Plus notre enfant est comblé, plus il nous est possible de renouer avec nos besoins créatifs et spirituels les plus élevés[1]. L'un de ses premiers besoins est la reconnaissance. Un enfant a besoin d'être vu et encouragé à être lui-même. Être un bon parent pour soi débute par des petits gestes comme prendre soin de soi, se mettre à la première place et ne plus se sacrifier pour autrui.

4. Abandonner les anciennes défenses qui ont sclérosé nos élans vitaux et créatifs. Marianne témoigne : « La reconnexion avec mon enfant intérieur a profondément changé ma vie. L'un des signes les plus significatifs pour moi est que je cesse de tout remettre au lendemain. La procrastination était une vieille habitude. Envoyer une lettre, prendre un rendez-vous chez le médecin, payer mes factures…, tout me semblait d'une lourdeur incroyable. Aujourd'hui, je gère ma vie au présent et aucune tâche ne me paraît plus insupportable ni insurmontable. »

---

1. Abraham Maslow constate : « L'apparition d'un besoin dépend généralement de la satisfaction d'un besoin préalable » (*L'Accomplissement de soi – De la motivation à la plénitude*, Eyrolles, 2004, p. 18).

5. Explorer notre vérité intérieure pour prendre notre vie en main. Nous ne sommes ni coupables ni victimes de notre passé, mais nous sommes responsables de notre façon de percevoir notre histoire et de nos choix présents. Marianne conclut : « Je me sens bien plus vivante et confiante depuis que je ressens être aux commandes de ma vie. Je sais que je peux construire ma réalité. Mon passé ne m'entrave plus. »

6. Explorer les images qui peuplent notre monde intérieur pour unifier notre moi et devenir des adultes plus entiers. Les hommes sont curieux par nature. Ils désirent repousser les frontières du monde connu. Explorer l'espace ou les profondeurs de l'océan sont des expériences magnifiques mais réservées à un tout petit nombre. Par contre, nous pouvons tous voyager dans notre psychisme pour en découvrir les multiples facettes. Quelle fabuleuse aventure ! C'est l'unique façon de découvrir toutes nos forces, toutes nos ressources intérieures.

7. Obéir à nos rêves d'enfant et suivre nos élans créateurs pour nous transformer en cocréateurs de notre vie. Bernard, quarante ans, se confie : « Ma vie n'a pris de réel sens que le jour où j'ai obéi à mon enfant intérieur. Grâce à lui, j'ai retrouvé un vieux rêve : être pianiste dans un club de jazz. Je jouais depuis tout petit mais je réservais mes rares prestations à quelques intimes. J'ai finalement franchi le pas. Aujourd'hui, je me produis chaque semaine devant une centaine de personnes pour ma plus grande joie et celle de mon enfant intérieur. »

8. Nourrir notre vie spirituelle. Il ne s'agit pas de croire en Dieu mais de faire l'expérience intime du divin en soi (Jung affirmait : « Je ne crois pas en Dieu, je Le sais »). Même si nous n'en avons pas conscience, nous vivons tous des expériences spirituelles où nous nous sentons reliés à l'infiniment grand. Nous pouvons faire l'expérience du divin en soi en de nombreuses occasions : par la prière, par la méditation, dans la solitude (d'un désert, d'une forêt…), dans la liesse d'un rassemblement, par les arts (musique, peinture, théâtre, danse, écriture…) qui nous éveillent à la beauté, dans le contact intime avec soi et avec l'autre…

Notre réalité extérieure est le miroir de notre vie intérieure. C'est pourquoi nous n'avons pas tous dans la vie la même attitude face aux joies ou aux peines. Notre intériorité créatrice est le fruit d'un ensemble d'attitudes qui se confortent et grandissent sur les sentiers de l'âme qu'emprunte chaque cocréateur.

Premier sentier : la réhabilitation

De la souffrance à la délivrance

Céleste est une femme profondément meurtrie. Après vingt ans de vie commune, son mari s'est, selon ses dires,

« violemment » séparé d'elle. Lorsqu'elle entreprend une thérapie, elle déborde d'agressivité et souffre de cette situation. Lors d'un stage, une constellation de son paysage intérieur lui dévoile une vérité trop longtemps refoulée. Dans l'espace de jeu, elle est tiraillée entre deux personnages[1] clefs de son monde intérieur : sa mère et son enfant intérieur incarnés par deux membres du groupe. Son enfant intérieur pleure abondamment et reproche à Céleste d'être aveugle et de trouver tous les prétextes possibles pour ne pas s'occuper de lui. Sa mère est mal à l'aise et avoue qu'elle n'éprouve pas de sentiment à l'égard de sa fille. Cette affirmation déchaîne la colère de Céleste :

C'est faux ! Dans la réalité, ma mère est très aimante et elle s'occupe de moi.[2]

Céleste se calme peu à peu et reconnaît :

Dans mon enfance, je me sentais invisible. Je n'avais aucune place, comme dans mon mariage d'ailleurs.

---

1. La personne qui réalise la constellation de son paysage intérieur choisit des membres du groupe pour incarner des personnes, des animaux, des idées, des archétypes..., qui habitent son monde intérieur. Chacun est libre d'accepter ou de refuser la proposition.

2. Ce qui est dévoilé par le paysage intérieur de Céleste est sa vérité intérieure. Les paroles de sa mère dans la constellation sont des éléments qu'elle a introjectés. Ils sont devenus ce qui guide inconsciemment une partie de sa vie.

Son enfant intérieur intervient avec fougue :

Toute ta vie repose sur un mensonge, et toi, tu crois tout cela pour ne pas t'occuper de moi.

Céleste reste silencieuse puis ajoute :

C'est vrai, toute mon éducation a reposé sur le mensonge. Ma mère nous martelait qu'il ne fallait pas mentir. Je me souviens même qu'elle m'avait offert une marionnette de Pinocchio.

Ce point semble fondamental. Céleste choisit une personne pour représenter le Pinocchio de son enfance. Une fois dans l'espace de jeu, ce dernier s'exprime étrangement :

J'ai un long, très long nez qui me fait souffrir.

Céleste fait immédiatement le rapprochement suivant :

Lorsque j'étais petite, je mordillais son nez avec rage.

Un long silence plane puis elle éclate en sanglots :

Je n'ai jamais voulu reconnaître que ma mère ne m'aimait pas. Elle a fait des enfants par devoir.

Son enfant intérieur pleure aussi et l'appelle. Elle s'approche enfin de lui et lui murmure : « Je vais m'occuper de toi », ce à quoi il répond : « Je ne te crois pas. Tu vas encore m'abandonner comme d'habitude. » Céleste, furieuse, s'écarte violemment et l'accuse : « Il me rejette encore. » Pinocchio intervient pour dire avec tendresse et douceur : « C'est faux, c'est ta mère qui te rejette. » Céleste finit par se détendre et accepte sa vérité. Elle étreint son enfant intérieur avec amour. Le silence s'installe. Seule la voix de Pinocchio l'interrompt un instant pour susurrer joyeusement : « Je n'ai plus mal au nez. »

L'histoire de Céleste nous rappelle que tout adulte souffrant cache en lui un enfant blessé par la négligence, l'incompréhension, l'humiliation et la maltraitance subies dans son enfance. Pour délivrer notre enfant intérieur de ses souffrances passées, il est indispensable de reconnaître notre part de responsabilité. Nous maltraitons trop souvent notre enfant intérieur qui est pourtant la partie la plus sensible, fragile et meurtrie en nous. C'est notre créativité que nous étouffons. Notre enfant intérieur est prêt à oublier notre égarement si nous acceptons de l'apprivoiser.

Apprivoiser son enfant intérieur

Le Petit Prince d'Antoine de Saint-Exupéry nous livre une clef pour apprivoiser notre enfant intérieur. En voici un extrait :

« Qui es-tu ? dit le petit prince. Tu es bien joli…

– Je suis un renard, dit le renard.

– Viens jouer avec moi, lui proposa le petit prince. Je suis tellement triste…

– Je ne puis jouer avec toi, dit le renard. Je ne suis pas apprivoisé. [...]

– [...] Qu'est-ce que signifie "apprivoiser" ?

– C'est une chose trop oubliée, dit le renard. Ça signifie "créer des liens". [...] Tu n'es encore pour moi qu'un petit garçon tout semblable à cent mille petits garçons. Et je n'ai pas besoin de toi. Et tu n'as pas besoin de moi non plus. Je ne suis pour toi qu'un renard semblable à cent mille renards. Mais, si tu m'apprivoises, nous aurons besoin l'un de l'autre. Tu seras pour moi unique au monde. Je serai pour toi unique au monde[1]... »

L'animal est une dimension de notre enfant intérieur qui réclame de la patience et de l'amour pour être apprivoisé. Le petit prince symbolise notre enfant intérieur pur, innocent, aimant et spontané. Il est à la fois au cœur et le cœur de notre être, le lien avec notre âme. Le renard, l'animal, figure ici notre dimension instinctuelle, c'est-à-dire l'énergie qui fait vivre, sentir et se comporter. L'animal est mystérieusement lié à l'être humain ; il représente un archétype, un élément universel de connaissance de l'âme[2]. L'adulte qui apprivoise son enfant intérieur utilise toute son énergie

1. Antoine de Saint-Exupéry, *Le Petit Prince*, Gallimard, « Folio », 1999, p. 70-72.

2. Clarissa Pinkola Estès, *Femmes qui courent avec les loups*, *op. cit.*, p. 234. Cette idée est aussi poétiquement illustrée par Philip Pullman dans sa trilogie *À la croisée des mondes* (Gallimard, 2007). Dans ce roman, chaque être humain est lié à un daemon, petit compagnon animal doué de parole. Le daemon est une sorte de représentation de l'âme de son alter ego humain.

pour façonner sa vie. Il apprivoise sa créativité en l'utilisant au quotidien.

L'intégration de ces deux dynamiques (l'enfant et l'animal en soi) conduit chacun à devenir un cocréateur, c'est-à-dire à agir et à créer librement. Elle permet à l'adulte d'unifier *ce qui est su* à *ce qui est éprouvé* pour accéder au secret qui peut guider chacun sur le sentier de la réhabilitation. « Voici mon secret, révèle le renard. Il est très simple : on ne voit bien qu'avec le cœur. L'essentiel est invisible pour les yeux[1]. »

La réhabilitation de soi

La réhabilitation de soi est l'étape charnière entre le deuil de son passé et la paix intérieure retrouvée. La réhabilitation de soi est une exploration de son histoire avec les yeux du cœur, dans le plus grand respect et le plus profond amour pour soi. C'est une reconnaissance de ce qui n'a pas été dit, pleuré, hurlé, ni même ressenti.

Cette reconnaissance est souvent étouffée dans l'œuf par une notion judéo-chrétienne qui hante notre inconscient : le pardon. Lorsque nous déclarons pardonner à autrui, nous trahissons notre enfant intérieur. Le seul acte juste est de se libérer soi-même de la souffrance, c'est-à-dire de ne plus rester attachés aux personnes qui nous ont fait souffrir. La notion de pardon cache généralement des mécanismes d'une étonnante toxicité : le refoulement de sa vérité intérieure, le déni des souffrances passées, la construction d'une fausse

1. Antoine de Saint-Exupéry, *Le Petit Prince*, *op. cit.*, p. 76.

image de soi (celui qui pardonne). Une personne qui déclare pardonner est bien souvent pétrie de honte, de culpabilité, d'abandon et d'impuissance. Elle évite son enfant intérieur blessé. Or l'enfant que nous étions n'a commis aucune faute. Il ne pouvait faire autrement. Aujourd'hui, en entendant son besoin d'amour et en y répondant, nous nous réhabilitons à nos propres yeux. Nous connaissons la grâce de nous pardonner à nous-mêmes notre longue absence auprès de notre enfant blessé. C'est le seul acte impératif à poser, un pardon à soi-même qui est en fait une réhabilitation de nous-mêmes. Finalement, pardonner à autrui est un meurtre de l'enfant en soi, ce qui amène Sylvie Tenenbaum à conclure : « Quant au pardon, ni tyrannie ni libération, mais simplement un choix hors sujet de toute forme de thérapie. Non, là n'est vraiment pas la question. Il serait trop grave de méconnaître sa toxicité[1]. »

Seule la réhabilitation de soi autorise la reconquête de sa propre puissance. Ce n'est plus l'autre qui détient entre ses mains notre histoire, nos blessures, nos émotions et donc notre libération. Nous sommes les seuls responsables de notre vie. Notre enfant intérieur nous encourage à exprimer notre propre puissance. En nous réconciliant avec lui, nous écoutons et nous entendons réellement ce qu'il a vécu. Nous le libérons de sa souffrance en la retraversant à ses côtés. Nous dissipons l'énergie qui nous lie encore à la maltraitance sous toutes ses formes. Nous interdisons les paroles, les actes

1. Sylvie Tenenbaum, *Pardonner – Tyrannie ou libération* ?, InterÉditions, 2008, p. 170. S'appuyant sur les travaux d'Alice Miller, ce livre analyse les nombreuses facettes du pardon.

ou les comportements blessants à notre égard. Nous ne sommes plus ni victimes ni bourreaux. Nous savons imposer de saines limites à notre entourage. Nous démystifions les liens qui nous unissent à nos parents. Notre énergie vitale et créatrice est à notre service dans l'ici et maintenant pour construire notre avenir.

La réhabilitation de soi est une rénovation de notre monde intérieur et, ainsi, de notre réalité extérieure. C'est la création d'une nouvelle architecture propice à l'expression de notre dimension de cocréateur. Alors, main dans la main, l'adulte et l'enfant empruntent un nouveau sentier, celui de l'écologie intérieure.

Deuxième sentier : l'écologie intérieure

Au-delà des paradoxes

Le mot « écologie » vient du grec *oikos*, « maison », et de *logos*, « science, connaissance ». L'écologie a été définie par le biologiste allemand Ernst Haeckel en 1866 comme « la science des relations des organismes avec le monde environnant, c'est-à-dire, dans un sens large, la science des conditions d'existence ». Respecter son écologie intérieure revient à se considérer soi-même comme un écosystème à part entière dont le moi est le centre conscient. Or l'être humain est constitué de paradoxes, véritables enjeux pour le moi dont la fonction primordiale est d'intégrer et d'unifier les contradictions que porte le Soi. En s'ouvrant à l'inconscient, chacun est confronté aux paradoxes existentiels qui constituent la richesse de l'être humain, à la fois corps et esprit, conscient et inconscient, ombre et lumière, créature et créateur, masculin et féminin, adulte et enfant.

Pour Jung, « l'union des opposés est à la fois la force qui provoque le processus d'individuation et son but[1] ». L'écologie intérieure apparaît comme l'art de concilier nos multiples réalités intérieures pour regagner une harmonie et un équilibre nécessaires à l'accomplissement de soi. Si nous refusons cette union des opposés, nous risquons de perdre notre humanité.

« Qui veut faire l'ange fait la bête », constatait Pascal. Chaque élan spirituel, même le plus élevé, s'accompagne de son opposé, tels le côté pile et le côté face d'une pièce de monnaie. Tout processus psychologique a pour fondement l'opposition entre des pôles contraires. La négation de cette réalité nous éloigne de notre accomplissement. Parmi les paradoxes humains, notre double nature psychique d'adulte et d'enfant est sans doute la plus difficile à appréhender et à unifier.

De la nostalgie à la reliance

Laisser parler l'enfant en soi, ce n'est pas régresser. Distinguons bien la part d'enfance en soi — c'est-à-dire le retour à l'innocence, l'authenticité et la spontanéité des premières années — de l'infantilisme. Accueillir l'enfant que l'on a été,

1. C.G. Jung, *Les Racines de la conscience*, *op. cit.*, p. 331.

c'est croître psychiquement et devenir un adulte plus autonome, responsable de lui-même sans perdre ses racines, sa fraîcheur, son goût pour le jeu et la vie.

Le principal écueil du refoulement de l'enfant en soi serait de rester piégé dans les méandres de la nostalgie du paradis perdu. Ce fut le cas de certains auteurs anglais de la fin du XIXe et du début du XXe siècle qui nous ont cependant laissé des chefs-d'œuvre de la littérature enfantine. L'un d'eux, James Matthew Barrie, est le père de *Peter Pan*. Peter est un enfant aux pouvoirs surnaturels qui symbolise l'enfant intérieur créatif. Il apprend aux enfants de la famille Darling à voler et les emmène dans le Pays de Nulle Part où vivent les Garçons Perdus. Après de nombreuses péripéties, les enfants retournent chez leurs parents qui adoptent les Garçons Perdus. Seul Peter refuse ce nouveau foyer pour rester à jamais un enfant dans le Pays de Nulle Part. Aujourd'hui encore, si Peter Pan représente l'éternelle jeunesse et le refus de grandir, il personnifie aussi l'image d'un enfant intérieur doué, isolé, abandonné et non intégré par l'adulte. La vie de J.M. Barrie éclaire cette réalité psychique.

Alors qu'il a six ans, le petit James subit un traumatisme majeur qui change sa vie. Son frère David, treize ans, considéré comme le plus doué de la famille, meurt d'une chute en patinant sur la glace. La mère, effondrée, plonge toute la famille dans le désespoir. Dans le fol espoir de consoler sa mère, James passe tout son temps à ressembler au frère décédé en portant ses vêtements, en imitant sa manière de siffler et en refusant de grandir. Il devient une copie vivante de l'enfant chéri et perdu de sa mère. James gardera toute sa vie une relation fusionnelle avec celle-ci et ne réussira jamais à construire de saines relations affectives et amoureuses avec des adultes. Dans une introduction à *L'Île aux coraux*, Barrie confiera : « Naître, c'est être naufragé sur une île déserte[1]. »

La nostalgie du paradis perdu demeure tant que la blessure spirituelle de la coupure d'avec son essence se confond avec le souvenir de la relation fusionnelle mère-enfant. Notre mère est inconsciemment associée à l'état originel. L'enfant est déchiré entre son aspiration à revivre cette fusion (qu'il croit être l'unité) et le désir de se différencier de sa mère pour se retrouver lui-même (mais en perdant, s'imagine-t-il, son paradis). Cette confusion risque d'engendrer, comme dans le cas de James Matthew Barrie, une relation mère-enfant incestuelle[2] et mortifiante qui interdit toute croissance affective et psychique au futur adulte.

En devenant son propre parent, l'adulte retrouve un lien avec l'enfant en lui. Il répond à ses propres besoins. Les archétypes de la mère, du père, du féminin et du masculin sont dissociés des images parentales pour être enfin intégrés. Un cocréateur n'est pas coupé de sa source. Il éprouve un sentiment de complétude. Il est capable « de réaliser l'union

---

1. L'histoire de J.M. Barrie est analysée par Jackie Wullschläger dans *Enfances rêvées – Alice, Peter Pan… nos nostalgies et nos tabous*, Autrement, « Mutations », 1997, p. 122-154.

2. Une relation incestuelle n'est pas de l'inceste sexuel. Elle se caractérise par le flou qui marque le rôle de chacun. Dans la relation incestuelle parent-enfant, la libido, énergie psychique du sujet, est au service exclusif du parent. La notion d'incestuel a été définie par Paul-Claude Racamier dans *L'Inceste et l'Incestuel*, Éditions du Collège, 1995.

d'éléments épars voire opposés[1] ». Il développe une reliance, un lien naturel au Tout et, de fait, il devient sa propre source, c'est-à-dire le magicien de sa réalité.

Le magicien en soi

Notre inconscient collectif occidental est doté d'un puissant archétype symbolisant l'union des opposés. Cette idée-force qui peuple notre psyché est celle du plus grand magicien, Merlin l'enchanteur. L'activation et l'intégration du Merlin en soi génèrent une transformation intérieure[2].

Merlin est tout d'abord un enfant vieillard. Il possède la mémoire intégrale du passé et prophétise l'avenir. Il se joue du temps linéaire et déjoue le cycle naturel des âges de la vie. Il incarne le vieux sage qui concilie l'innocence et la sagesse et englobe la totalité du temps pour vivre pleinement l'instant présent[3]. Il est l'être unifié.

L'enchanteur est né de l'union d'une vierge innocente

1. Conclusion d'Abraham Maslow au sujet des individus créatifs accomplis (*Devenir le meilleur de soi-même*, *op. cit.*, p. 254).

2. Dans notre monde occidental désacralisé, il devient urgent de se reconnecter à certains archétypes oubliés. Ceux du roman de la quête du Graal sont porteurs de sens et de transformation pour l'homme d'aujourd'hui. La méthode « Cœur d'enfant » propose un cycle de stages dans la forêt de Brocéliande, lieu magique où souffle l'esprit de Merlin, du roi Arthur, des chevaliers de la Table Ronde et des fées.

3. On retrouve cette image dans la Roue de médecine des Indiens d'Amérique. Voir Maud Séjournant, *Le Cercle de vie – Initiation chamanique d'une psychothérapeute*, Albin Michel, « Espaces libres », 1997, p. 64.

avec un démon, ce qui explique ses pouvoirs hors du commun. Il est la personnification de la part lumineuse du symbole du Soi et de sa part d'ombre[1]. Emma Jung évoque le problème de l'homme moderne : « Durant des siècles, il s'est de plus en plus identifié au bien ou à l'esprit, et c'est pourquoi il ne demeure plus dans l'obscurité mais dans la lumière, ou du moins s'imagine-t-il être dans la lumière. Pour cette raison, il est nécessaire qu'il revienne sur ses pas et rejoigne sa part d'ombre et instinctive[2]. » L'exploration de la vérité intérieure permet à chacun de relativiser ce qui semble définitivement établi. Dans l'histoire de nombre d'entre nous, ce que nous identifions comme un bien dissimule parfois un mal secret et, inversement, ce qui nous apparaît comme un mal peut se révéler être un bien.

C'est dans la forêt de Brocéliande que Merlin aurait finalement accepté par amour l'ensorcellement de la fée Viviane qui l'enferme dans une prison d'air. Merlin sait que le temps des magiciens touche à sa fin. La mort du roi Arthur, dont le corps repose en Avalon, met un terme à l'épopée du Graal et à sa mission. À l'écart du monde humain, Merlin se retire dans le silence du Soi, attendant symboliquement le retour du roi, c'est-à-dire que l'homme réintègre et unifie les opposés. D'un point de vue psychologique, le roi (le corps) et le magicien (l'esprit) sont les deux facettes indissociables d'un homme accompli. Emma Jung ajoute : « Merlin est ainsi devenu une image

1. Emma Jung et Marie-Louise von Franz, *La Légende du Graal*, Albin Michel, 1988, p. 295.

2. *Id.*, p. 302.

légendaire de l'homme total, [...] au sein duquel l'homme ordinaire s'est uni à la totalité qui le transcende[1]. »

L'archétype de Merlin symbolise la connaissance des plus hauts secrets de l'univers auxquels nous avons tous potentiellement accès. Cocréer, c'est s'ouvrir à la magie de la vie qui n'est pas la pensée magique du petit enfant mais l'émerveillement d'un homme unifiant sa part d'ombre et de lumière, son masculin et son féminin, l'adulte et l'enfant en lui. John Bradshaw déclare : « Nous appartenons tous à une autre maison. Je crois que nous sommes issus de la profondeur de l'être et que l'être nous rappelle à lui. Je crois que nous venons de Dieu et que nous appartenons à Dieu[2]. » Ce nécessaire retour à notre véritable maison, tel est le sentier de l'émerveillement.

Troisième sentier : l'émerveillement

L'ami de Dieu

Lors d'une promenade dans la forêt de Brocéliande, Jérôme a vécu une expérience d'une rare intensité. Il témoigne :

Je marchais seul sur un sentier bordé de chaque côté par un monticule de terre et de fougères, lorsque mon regard fut

1. *Id.*, p. 290.
2. John Bradshaw, *Retrouver l'enfant en soi*, *op. cit.*, p. 420.

attiré par une petite tache de couleur. Il s'agissait d'un rouge-gorge, à un mètre à peine sur ma droite. Je m'arrêtai et constatai qu'il m'observait. À cet instant, je perdis toute notion du temps et je me mis à suivre ce petit oiseau qui sautillait à présent devant moi, prenant grand soin de m'attendre. Plus loin, alors que j'avais emprunté sans m'en rendre compte un autre chemin, je vis un arbre superbe. Sa majesté m'impressionna. Je le contemplai respectueusement quelques instants, mais déjà mon rouge-gorge m'enjoignit de le suivre. Je m'enfonçai un peu plus dans la forêt. L'oiseau se posa finalement sur un bâton gisant au sol. J'ignore pourquoi mais je sus qu'il était pour moi. Je le saisis et une voix intérieure m'exhorta à chercher une souche d'arbre. En la trouvant, intuitivement j'y logeai mon bâton. Ce fut comme si j'enfonçais une clef dans une serrure. Une vive émotion m'envahit. Je perçus que la nature tout entière était vivante, unifiée à un Tout auquel j'appartenais. Les couleurs et les sons de la forêt semblaient renaître. Je restai immobile, en extase devant tant de beauté. En repartant, il me semblait que j'avais rêvé mais, à l'orée du bois, le rouge-gorge s'approcha à nouveau de moi, à quelques centimètres seulement, avant de prendre son envol. J'étais devenu l'ami d'un oiseau et, avec lui, l'ami de la nature, de Dieu.

L'expérience de Jérôme est paroxystique[1], c'est-à-dire transcendante. Il s'est ressenti uni au Tout. Nous pouvons tous potentiellement connaître une telle union qui est le

---

1. Abraham Maslow a défini les caractéristiques des expériences paroxystiques dans *L'Accomplissement de soi*, *op. cit.*, p. 125-135.

propre de la nature supérieure de l'homme, un homme qui est l'« ami de Dieu », un être non pas coupé d'un dieu extérieur à lui mais unifié à un principe exprimant le vrai, la transcendance, le sens, l'universalité... Ces expériences soudaines et en grande partie ineffables nous remémorent que celui « qui est incapable de percevoir le sacré, l'éternel, le symbolique est tout bonnement aveugle à un aspect de la réalité[1] ».

Au-delà de l'expérience paroxystique qui est une irruption soudaine du merveilleux, chacun peut cultiver en soi un état d'émerveillement, une perception affinée de la vie qui se manifeste et s'installe profondément.

Une perception unifiée

L'émerveillement est une manière de créer un nouveau lien avec le Soi et avec Dieu en soi. Cela nécessite de faire fi des certitudes, des dogmes, des croyances et des pensées d'une société désacralisée. Abraham Maslow souligne que l'on peut percevoir « l'univers comme *organisme*, possédant unité et intégration, croissant et évoluant et ayant une orientation, [...] une *signification*. Appeler ou non cette intégration "Dieu" n'est finalement qu'une décision arbitraire et une complaisance de l'individu, déterminées par son histoire personnelle, ses relations personnelles et ses mythes[2] ».

1. *Id.*, p. 150.
2. *Id.*, p. 122-123.

L'émerveillement est un profond étonnement face à la majestueuse grandeur de l'univers en soi et autour de soi. C'est s'abandonner, lâcher sa soif de comprendre et faire l'expérience de l'oubli de soi. Cet abandon ne nous confronte pas au rien ou au néant mais à la plénitude. Ces instants d'émerveillement sont fugitifs, difficiles à maintenir au quotidien. Le sentiment de plénitude est le fruit d'un long travail pour céder les rênes à notre enfant intérieur. Il est celui qui nous incite à « vivre un état de légèreté, de flottement qui seul permet l'envol de l'émerveillement [1] ».

L'émerveillement éveille notre capacité à percevoir l'invisible, à nous unir à une conscience universelle et à redécouvrir la source sacrée de la créativité. Jung témoigne : « Je ne peux décrire ce que j'ai vécu que comme la béatitude d'un état intemporel, dans lequel passé, présent et avenir ne font plus qu'un [2]. » L'émerveillement est une ouverture à l'inconscient qui régénère notre psychisme en l'emplissant de vie.

Notre goût du merveilleux (comme le prouve l'immense succès d'*Harry Potter* et en général de l'*heroic fantasy*, genre littéraire dont *Le Seigneur des anneaux* est un modèle) répond à notre besoin de nourrir les couches les plus profondes de notre être, de dialoguer avec notre inconscient pour intégrer nos richesses enfouies. Cependant, nous nous méprenons souvent sur le merveilleux et la magie de la vie. Ils se cachent toujours là où on les soupçonne le moins.

1. Erik Sablé, *Petit manuel d'émerveillement*, Dervy, « Chemins de sagesse », 2004, p. 15.
2. C.G. Jung, *Ma vie*, *op. cit.*, p. 465.

Comme le rappelle Khalil Gibran : « Vous pourriez vous élever en imagination jusqu'aux nuages, et les considérer comme une hauteur ; et passer par-dessus la mer immense et dire que c'est là une grande distance. Mais je vous dis que quand vous semez une graine dans la terre, vous atteignez une plus grande hauteur ; et quand vous saluez la beauté du matin en compagnie de votre voisin, vous traversez une mer plus grande[1]. »

Le merveilleux du quotidien

Le petit enfant, tout comme l'animal, est dans la totalité. S'il regarde une fleur, il voit l'infini dans cette fleur. Adultes, posons un regard d'enfant sur notre quotidien. C'est dans les gestes simples que jaillit la magie de la vie. Abraham Maslow exprime clairement : « que le sacré est dans l'ordinaire, qu'il doit être trouvé dans sa vie quotidienne, ses voisins, ses amis et sa famille [...]. Regarder ailleurs pour trouver des miracles est pour moi le signe infaillible de l'ignorance que tout est merveilleux[2] ».

Le grand drame humain est de se croire seul, isolé, coupé de l'univers. Ce sentiment provient de notre aveuglement. Seul celui qui observe son quotidien avec les yeux d'un enfant retrouve la trace perdue du Soi. Dans la méthode « Cœur d'enfant », l'intégration du travail psychologique

1. Khalil Gibran, *Le Jardin du prophète*, Mille et une nuits, 2000, p. 34.

2. Abraham Maslow, *L'Accomplissement de soi*, *op. cit.*, p. 62-63.

passe par des actes psychomagiques dans la nature. La psychomagie est une manière de communiquer avec notre monde intérieur par des actes symboliques. Elle fait appel aux qualités synthétiques, intuitives et holistiques de l'hémisphère droit du cerveau. Une action symbolique, en utilisant le langage de l'inconscient (c'est-à-dire la métaphore et le symbole), prend la même importance qu'un fait réel. C'est une pratique efficace pour se reconnecter à la perception unifiée de l'enfant intérieur. Éric, soixante-trois ans, témoigne :

Le rituel était simple et profond. Une marche silencieuse sur une berge sauvage et, dans mes mains, un caillou symbolisant le poids de mon passé. Le fait d'offrir aux flots d'une rivière toutes mes blessures de l'enfance peintes sur un caillou m'a plongé dans une sacralité que je n'avais jamais éprouvée auparavant. Je me suis senti envahi d'un sentiment d'amour total. Depuis ce jour, ma vie a changé. Tout ce qui m'entoure me semble plus sacré, digne de respect et d'attention.

Il existe des milliers de signes que nous percevons trop rarement et qui sont pourtant des incursions du merveilleux dans notre vie. Les synchronicités en font partie. À l'instar des rêves qui sont les messages nocturnes de notre inconscient, les événements synchronistiques en sont les signes diurnes, la preuve que notre monde intérieur poursuit son œuvre créatrice, initiatrice et protectrice. À quarante et un ans, Thierry a fait l'expérience d'une synchronicité inouïe. Lors d'un stage, après un rêve éveillé, voilà ce qu'il confie :

Je n'arrive jamais à voir mon enfant intérieur. Aujourd'hui, c'est étrange, mon chien Flèche m'est apparu. C'était le chien de mon enfance. Il est mort quand j'avais dix ans. Ça a été un drame. Je suis si heureux de l'avoir revu.

Un long silence s'installe. Thierry reste perdu dans ses pensées lorsque l'impensable survient. La porte à demi fermée de la salle s'ouvre et un chien inconnu fait irruption. Il court droit sur Thierry et lui lèche le visage avant de disparaître. Thierry est bouleversé. Cette synchronicité a changé sa vie. Ce jour-là, toutes les personnes présentes ont senti que la vie était merveilleuse. Les synchronicités sont des guides sur le chemin de l'accomplissement.

L'émerveillement est une attitude spirituelle, une profondeur d'être qui éveille en nous la sagesse, la conscience du lien qui nous unit à notre planète, à tous les êtres vivants et à la source de toute vie. S'émerveiller est une capacité de notre enfant intérieur qui s'étonne sans cesse de la beauté qui l'entoure. Pour l'adulte, l'émerveillement est le plus souvent fugitif, une vague soudaine qui nous transporte vers une vérité étrangère au cours normal des choses. Cette perception fugace naît d'un profond lâcher-prise. Une porte s'entrebâille, nous nous ouvrons à d'autres réalités. L'émerveillement est le propre de la dimension chamanique du cocréateur, celle du vieux sage sans âge. Un chef spirituel de la nation sioux, Black Elk (Élan noir), membre de la tribu des Oglagas, préconisait : « Les personnes mûres peuvent apprendre des petits, car le cœur des petits est pur. C'est à cause de cela que le Grand Esprit peut leur montrer beaucoup de choses qui échappent aux gens plus âgés[1]. » Il ne nous reste plus qu'à suivre ce sage conseil et à écouter notre cœur d'enfant.

Écouter son cœur d'enfant

Au cœur de soi

L'enfant intérieur est l'ambassadeur, le porte-parole de notre cœur d'enfant, de notre essence spirituelle, de notre âme[2]. Il est notre moi authentique relié, le seul à nous rappeler que « la question décisive est celle-ci : te réfères-tu ou non à l'infini ? […] Finalement nous ne valons que par l'essentiel, et si on n'y a pas accès, la vie est gaspillée. Dans nos rapports avec autrui, il est, de même, décisif de savoir si l'infini s'y exprime ou non[3] ».

1. Cité par Placide Gaboury, *L'Émerveillement – La grande sagesse des petits*, Québec, éditions Quebecor, 2005, p. 5.

2. Le concept de cœur d'enfant est détaillé dans *S'ouvrir à son cœur d'enfant*, *op. cit.*, p. 220-223. L'utilisation du terme « cœur d'enfant » pour nommer notre âme, cette totalité en relation avec l'essence de Dieu, est une manière d'activer l'archétype de l'Enfant divin qui annonce une promesse d'accomplissement de soi.

3. C.G. Jung, *Ma vie*, *op. cit.*, p. 510.

Voici une petite histoire. Un jour, un incendie ravage une forêt. Tous les animaux fuient. Seul un colibri reste et fait des allers-retours entre une petite mare et la forêt en feu. Il transporte de l'eau dans son minuscule bec et à chaque fois il déverse quelques gouttes d'eau sur les flammes géantes qui consument tout sur leur passage. Un corbeau passe et remarque le colibri fort affairé. Il lui dit : « Ce que tu fais est inutile. » Le colibri répond : « C'est vrai mais je fais ma part. » Cette histoire pose une question primordiale : faisons-nous notre part ? Ou plus précisément : nos actes sont-ils la concrétisation de notre nature supérieure ou le reflet de nos peurs et de nos limitations ?

Nous sommes responsables de notre cheminement, de l'exploration de notre nature humaine multidimensionnelle. Nous sommes tous confrontés à un choix, celui de l'expansion ou celui de la contraction. L'expansion est un accroissement de la conscience aux confins de notre monde intérieur. Elle nous ouvre à une perception unifiée de la réalité où les liens entre l'homme et l'univers se dévoilent. À l'inverse, la contraction est un surinvestissement de l'individu dans le *faire*, le *devoir*, le *posséder*, le *paraître*, l'*être reconnu* ; autant de désirs et de comportements hérités du processus mortifère d'adaptation. La contraction nous enferme dans une perception matérialiste appauvrie de la réalité, conséquence de la torpeur et du brouillard qui règnent dans notre monde intérieur.

L'expansion est une aventure héroïque, la quête du cocréateur qui chemine au cœur de soi à la recherche de son cœur d'enfant. Le cocréateur se libère de tout ce qui n'est pas lui pour retrouver son enfant intérieur. Ensemble, ils découvrent les étendues du Soi pour toucher enfin au Cœur d'enfant, là où loge l'univers, Dieu en soi. Le cocréateur est forcément un aventurier intérieur et ce sont ses œuvres qui révèlent la richesse de son parcours, tel un voyageur rapportant mille présents à son retour.

Une vie à son image

Abraham Maslow déclarait : « Le mouvement vers la santé psychique est également le mouvement vers la paix spirituelle et vers l'harmonie sociale[1]. » La réconciliation avec l'enfant en soi est l'étape majeure de l'exploration intérieure et le fondement de toute vie créative. C'est une manière d'apprendre à façonner sa vie à son image, celle de son intériorité créatrice. C'est tout notre entourage et la société qui en bénéficient. Nous oublions trop souvent que la puissance sur soi est l'énergie transformatrice la plus élevée. Gandhi affirmait : « Devenons nous-mêmes le changement que nous voulons voir dans le monde. »

Un cocréateur pense et agit de façon holistique. Il accorde du temps à la connaissance de soi, à l'exploration de son monde intérieur et à la spiritualité. Il dépasse les oppositions traditionnelles et unit les paradoxes humains. Il devient un adulte entier, réconcilié avec l'enfant en lui. Il n'adhère plus aux croyances et dogmes binaires et rigides, qu'ils soient religieux, politiques, économiques, sociaux ou

1. Abraham Maslow, *Devenir le meilleur de soi-même*, *op. cit.*, p. 383.

familiaux. Il est relié à tous les êtres vivants, ce qui explique son ouverture et son implication dans le bien-être du monde. C'est un homme qui utilise son génie naturel en mobilisant les forces de l'imagination, de l'empathie, du sens, du jeu et de la créativité[1].

Un cocréateur apprend par son intériorité créatrice et son implication dans le monde à être un meilleur compagnon pour lui-même et pour autrui. En lien avec son essence spirituelle, il s'accomplit peu à peu.

La liberté d'être soi

Développer sa créativité, c'est-à-dire sa capacité d'inspirer et de créer sa vie, confronte chacun à ses limites. Quel que soit notre niveau de conscience de notre monde intérieur, la vie nous rappelle sans cesse qu'en tant qu'êtres humains nous sommes limités. Le psychiatre Viktor E. Frankl souligne : « L'être humain n'est pas complètement conditionné ; il a le choix d'accepter les conditions qui l'entourent ou de s'y opposer. En d'autres mots, il ne fait

1. Des études sociologiques récentes se font l'écho de l'émergence d'hommes et de femmes qui incarnent de nouvelles valeurs plus proches de leur être profond. Voir l'enquête américaine de Paul H. Ray et Sherry Ruth Anderson, *L'Émergence des créatifs culturels – Enquête sur les acteurs d'un changement de société*, Éditions Yves Michel, 2001, et l'enquête française préfacée par Jean-Pierre Worms, *Les Créatifs culturels en France*, Éditions Yves Michel, 2007. Enfin, Daniel Pink cite des études d'économistes allant dans le même sens dans *L'Homme aux deux cerveaux*, *op. cit.*, p. 256.

pas qu'exister, mais il façonne sa vie à chaque moment[1]. » Notre véritable liberté réside dans notre positionnement face aux événements de la vie.

Nous passons une partie de notre temps à projeter sur les autres des contenus psychiques restés dans l'ombre. Cette réalité psychologique explique que nous *réagissons* plus souvent que nous *agissons*. Nos réactions sont motivées par des pensées ou des sentiments que nous croyons appartenir à l'autre. Nous ignorons que ces affects sont les nôtres. Nos images intérieures refoulées contaminent notre perception du réel et de l'ici et maintenant. Nous amoindrissons notre puissance créatrice lorsque nous dotons les autres de parties de nous-mêmes que nous refusons. Nous évitons de prendre notre part dans ce qui nous arrive. Nous pensons être des pantins ou des victimes des autres et nions notre responsabilité, prélude à toute action créative. La projection nous empêche d'être pleinement cocréateurs de notre réalité. Élisabeth se souvient :

> *J'ai passé vingt ans à admirer les qualités de décision, d'organisation et de fiabilité de mon mari. J'étais fière de ses succès, persuadée d'être incapable d'en faire autant. Un jour, une amie de notre couple me révéla que c'était moi qui avais toutes ces qualités. Quel ne fut pas mon étonnement ! Ce fut un véritable déclic. Je me suis jetée à l'eau et j'ai créé ma propre entreprise, aujourd'hui très prospère.*

---

1. Dr Viktor E. Frankl, *Découvrir un sens à sa vie avec la logothérapie*, Montréal, Éditions de l'Homme, 2006, p. 118-119.

La liberté d'être soi revient à reconnaître ce qui est *soi* en soi, chez l'autre et dans tous les aspects de la vie. Chacun fait face à sa richesse intérieure et à son unicité. Cette liberté porte en elle la juste rébellion, cet élan qui nous pousse à ne pas tolérer ce qui limite notre créativité, l'expression de notre être véritable. La créativité dépend de notre capacité à ignorer les stéréotypes et les conventions. Le professeur Allan Snyder, de l'Université de Sydney, explique : « La créativité est par définition un acte de rébellion. Il faut être subversif pour briser les règles et s'attaquer aux idées reçues. C'est la définition même de la création. » Le cocréateur de sa vie développe une liberté intérieure pour voir davantage le monde tel qu'il est et non par le prisme de ses expériences passées.

De l'enfant à l'étoile

La réconciliation avec notre enfant intérieur est une voie d'individuation. L'archétype de l'enfant, présent dans tous les grands mythes, est un contenu psychique qui attend d'être réalisé psychologiquement. L'enfant « personnifie des forces vitales qui résident au-delà du cercle limité de la conscience, des voies et des possibilités que la conscience ignore dans sa partialité, un Tout qui renferme les profondeurs de la nature. Il représente la poussée la plus forte et la plus inévitable de l'être, celle qui consiste à se réaliser soi-même[1] ».

1. C.G. Jung, C. Kerényi, *Introduction à l'essence de la mythologie*, *op. cit.*, p. 148.

« La naissance des étoiles » évoque cette intégration par l'adulte de l'enfant en lui et des possibles qui en découlent. Le trou dans le ciel est un appel à la transcendance, à l'ascension, c'est-à-dire à l'accomplissement de soi. L'étoile est une manifestation du divin dans la nuit. Celui qui ne prend jamais le temps de contempler la nuit étoilée oublie qu'une dimension fondamentale de l'expérience humaine lui échappe. Jacques témoigne à ce propos :

Dès l'âge de douze ans, je me suis passionné pour l'astronomie. Chaque soir, je passais des heures entières à observer les planètes, les constellations et les étoiles. J'admirais la Voie lactée. C'est le contact avec cette immensité qui m'a ouvert, très jeune, à une vie intérieure. J'avais, et j'ai toujours, plus de questions que de réponses, mais la nuit a donné du sens à mon existence, la recherche ininterrompue d'un lien avec le Tout. Aujourd'hui, j'habite dans une grande ville et je suis triste quand je constate que l'éclairage artificiel dérobe à mes yeux le vaste panorama de la nuit étoilée…

Le reflet de l'étoile dans le regard de chaque enfant et de chaque adulte illustre que « l'homme vit déjà *ici-bas*, sur la Terre, quelque chose qui n'appartient pas à la Terre, qui participe au sacré, à la divinité ; il vit, disons, un *commencement d'immortalité*, il mord de plus en plus à l'immortalité[1] ».

L'enfant intérieur est la mémoire vive de notre nature spirituelle qui attend son éclosion, et l'adulte est le seul à pouvoir concrétiser ce devenir en germe. La réconciliation

1. Mircea Eliade, *Mythes, rêves et mystères*, *op. cit.*, p. 279.

de l'enfant et de l'adulte en un seul être libère l'homme de la cage où il s'est lui-même enfermé. Pour déployer nos ailes et prendre notre envol vers le Soi et l'essence spirituelle qui nous anime, notre Cœur d'enfant, suivons l'enseignement de Fletcher le goéland : « Il vous faut comprendre que le goéland n'est que l'image d'une liberté sans limites créée par le Grand Goéland et que votre corps perceptible, d'un bout à l'autre, n'existe que dans votre conscience[1] ! »

Pratique créatrice 5
Écrire au Père Noël

La lettre au Père Noël est une programmation. C'est une pratique très efficace pour créer sa vie. Noël illustre l'espoir de l'enfant d'être exaucé dans ses vœux secrets. Pour l'enfant, croire au Père Noël donne toute sa place au mystère, à la magie d'un monde bienveillant et réparateur. Les adultes sont trop souvent éloignés de leurs rêves d'enfant. Cette pratique est un moyen de vous relier à vos aspirations profondes et de façonner votre vie comme s'il s'agissait de votre propre œuvre d'art. Vous conscientiserez votre dimension de cocréateur. Le Père Noël existe bel et bien, il est en vous…

1. Richard Bach, *Jonathan Livingston le goéland*, Flammarion, « Castor Poche », 1980, p. 119.

1re étape

Vous allez rédiger avec votre main directrice une lettre sur une grande feuille recto-verso. Vous allez écrire tout ce que vous souhaitez profondément. Vous allez consacrer un paragraphe de quelques lignes à chaque domaine de votre vie : santé, amour, famille, travail, amitié…, en respectant attentivement les consignes suivantes :

• Commencez votre lettre par : *Moi* (votre prénom)…

• Utilisez uniquement le présent de l'indicatif. Vous allez décrire tout ce que vous souhaitez *comme si* c'était déjà là. Exemples : *J'ai un travail agréable et bien rémunéré, je vis une relation amoureuse avec une femme (ou un homme), je suis en paix.* N'écrivez pas : *Je peux, je veux, je dois, il faut.* Ces formules impliquent une idée d'effort.

• Parlez uniquement de vous (en utilisant « je ») ou de la relation, mais pas de l'autre car vous ne possédez aucun pouvoir sur autrui. Mettez plutôt : *Ma relation amoureuse est source de joie, de bonheur et de tendresse* et non pas : *L'homme avec qui je suis est tendre, joyeux.*

• N'utilisez aucune négation, ni mot négatif. Notre cerveau ne tient pas compte des négations. Si vous écrivez : *Je n'ai plus de problème d'argent*, il ne retiendra que les termes *problème d'argent*. Notez plutôt : *Je suis très prospère.* Autre exemple : *Je suis en sécurité et confiant* et non pas : *Je me libère de la peur.*

• Choisissez des mots qui vous parlent et qui créent du neuf dans votre vie.

• Soyez précis, détaillez ce que vous donnez et ce que vous recevez. Pour un emploi, déterminez votre salaire en restant cohérent et ouvert. Exemple : *Je reçois la somme minimum de trois mille euros nets par mois.*

• Énoncez uniquement ce qui est juste et essentiel pour vous. Si vous écrivez : *Une femme blonde de trente ans, d'un mètre soixante-dix, aux yeux verts*, vous réduisez considérablement vos chances.

• Pensez bien à contrecarrer vos problématiques. Par exemple, si vous rencontrez régulièrement des hommes alcooliques et violents, écrivez : *J'ai une relation harmonieuse, tendre et respectueuse avec un homme sobre.*

• Voici quelques affirmations dont vous pouvez vous inspirer : *Chaque jour et en toutes circonstances, je vais de mieux en mieux. J'ai une relation amoureuse avec un homme (ou une femme) libre et disponible. Je suis toujours en contact avec ma source de créativité. J'exprime mes talents dans mon travail. Je suis à la hauteur quelle que soit la situation.*

• Terminez la lettre par : *Moi* (votre prénom), *j'ai tout ceci dans la mesure où c'est pour mon bien et pour le bien de tous les êtres. Merci la vie.* Signez avec votre prénom et votre nom (de jeune fille et d'épouse si vous êtes une femme mariée) et mettez la date.

• Recopiez la lettre au propre sur du beau papier avec votre plus beau stylo, sans ratures ni taches.

2e étape

Gardez précieusement votre lettre. Ne la montrez à personne. Relisez-la régulièrement pour vous en imprégner.

La lettre au Père Noël n'est pas une pratique magique. Il vous faudra du temps pour réfléchir à ce que vous souhaitez profondément. Vous devrez être en accord avec chaque mot. C'est le long processus de création de cette lettre qui la rendra efficace car nous n'obtenons dans la vie que ce qui est clair et que nous croyons possible. En écrivant cette lettre, vous allez intégrer de nouvelles affirmations positives qui prépareront votre nouvelle réalité. Vous allez semer des graines et il vous faudra les arroser. N'attendez pas de façon passive. Posez des actes qui vont dans le sens de votre programmation. Soyez attentif à tous les signes et toutes les opportunités qui se présenteront à vous. Tout est possible. Certains souhaits de votre lettre ne seront pas exaucés. Interrogez-vous sur leur bien-fondé. Sont-ils justes et propices à votre évolution ? Sont-ils l'expression de votre nature profonde ou des désirs velléitaires ? Avez-vous consacré l'énergie suffisante à leur réalisation ? N'hésitez pas à revoir votre lettre régulièrement pour corriger certains points ou ôter ce qui n'a plus lieu d'être.

La lettre au Père Noël est un acte de cocréation avec la vie. La vie cherche à nous couvrir de ses bienfaits mais ce sont nos limites qui nous empêchent de les recevoir. La lettre au Père Noël est un apprentissage pour mieux guider notre existence dans le respect, l'expansion et l'expression de notre être véritable.

Épilogue

Réenchanter sa vie

« Il n'y a personne qui soit né sous une mauvaise étoile,
il n'y a que des gens qui ne savent pas lire le ciel. »

Le dalaï lama

L'archétype de l'enfant hante depuis des siècles notre inconscient collectif. L'enfant intérieur n'a pas toujours sa juste place dans notre vie. Nous le rejetons parce qu'il rappelle nos blessures figées dans un lointain passé. Il y a un enfant qui pleure dans le cœur de chaque adulte. Il espère inlassablement ce qu'il n'a pas reçu et qui lui revient de droit : l'amour authentique. Son attente prend fin sitôt que l'adulte chemine pour le retrouver. Notre enfant intérieur, cette part essentielle de notre être, est notre moi véritable. Ces retrouvailles, les plus fortes et les plus touchantes qui soient, libèrent notre cœur d'enfant, essence spirituelle au-delà de toute influence extérieure. Notre vie connaît alors la grâce de l'amour, de la reviviscence et de la félicité.

Notre enfant intérieur est cet enfant qui se languit de notre amour. Il symbolise toutes les forces de notre génie naturel. À la question sur l'origine de son génie, Albert Einstein répondait invariablement : « J'ai conservé la faculté de voir les choses comme un enfant. » La réconciliation avec l'enfant intérieur révèle notre dimension de cocréateurs.

Nous sommes tous capables de créer notre vie en jardinant nos possibles. Nous possédons des paysages intérieurs dont les richesses illimitées peuvent nous guider vers un monde meilleur.

La voie de l'enfance retrouvée est universelle et fondamentale. Elle prend sa source dans le mystère de nos origines dont nous gardons, enfants, des fragments de sagesse. Sur la longue route du retour à soi menant à l'accomplissement, l'adulte qui tient par la main son enfant intérieur est plus léger, joyeux, spontané, émerveillé. Jung déclarait : « Je ne peux pas vous dire à quoi ressemble un homme qui jouit d'une complète réalisation de soi, je n'en ai jamais vu », et il ajoutait : « Avant de tendre à la perfection, nous avons à vivre l'homme ordinaire sans mutilation de soi[1]. » Nous sommes tous des êtres plus ou moins amputés, mais l'une des mutilations les plus mortifiantes qui soient consiste à oublier, nier ou sous-évaluer l'importance de notre enfant intérieur. N'est-ce pas le sens de la métaphore de Matthieu dans son évangile : « En vérité, je vous le déclare, si vous ne changez et devenez comme les enfants, non, vous n'entrerez pas au royaume des cieux[2]. »

Tout homme est un cocréateur lorsqu'il continue à faire vivre l'enfant en lui avec dans les yeux grands ouverts la lumière d'une étoile. Cette étoile est celle de l'âme qui réenchante notre vie dans la joie et l'émerveillement. Cette étoile

1. Réponse de Jung à un correspondant citée par Élie G. Humbert, *Jung*, Hachette Littératures, « Pluriel psychanalyse », 2004, p. 229.
2. Matthieu 18,3.

murmure secrètement à notre être tout entier le souffle d'une prière :

Ô mon Cœur d'enfant
Comme le jour succède à la nuit
Que ma vie recommence aujourd'hui.
Comme le rivage est balayé par les vagues
Que mon corps et mon esprit soient purifiés.
Comme la graine se transforme en fleur
Que je renaisse à la vie.

Bibliographie

ABRAHAM Nicolas, TOROK Maria, *L'Écorce et le Noyau*, Flammarion, « Champs Essais », 2001.

ANZIEU Didier, *Le Moi-peau*, Dunod, 1985.

ARNTZ William, CHASSE Betsy et VINCENTE Mark, *Que sait-on vraiment de la réalité ? – Découvrir les possibilités infinies de transformer sa réalité de tous les jours*, Ariane, 2007.

BACH Richard, *Jonathan Livingston le goéland*, Flammarion, « Castor Poche », 1980.

BALLET DE COQUEREAUMONT Marie-France et Emmanuel, *S'ouvrir à son cœur d'enfant – Pour naître à soi*, Le Seuil, 2005.

BEAUREGARD Mario et O'LEARY Denyse, *Du cerveau à Dieu – Plaidoyer d'un neuroscientifique pour l'existence de l'âme*, Guy Trédaniel éditeur, 2008.

BETTELHEIM Bruno, *Survivre*, Robert Laffont, 1992.

BRADSHAW John, *S'affranchir de la honte*, Montréal, Éditions de l'Homme, 2004.

BRADSHAW John, *Retrouver l'enfant en soi*, Montréal, Éditions de l'Homme, 2004.

BRADSHAW John, *Le Défi de l'amour – Aimer de toute son âme*, Montréal, Éditions de l'Homme, 2004.

CAMERON Julia, *Libérez votre créativité – Osez dire oui à la vie !*, J'ai lu, 1995.

CAMERON Julia, *La Veine d'or – Exploitez votre richesse intérieure*, Dangles, « Grand angle/Psycho-épanouissement », 1997.

CARROLL Lewis, *Alice au pays des merveilles / De l'autre côté du miroir*, Gallimard, « Folio classique », 1990 et 1994.

CHEVALIER Jean, GHEERBRANT Alain, *Dictionnaire des symboles – Mythes, rêves, coutumes, gestes, formes, figures, couleurs, nombres*, Robert Laffont et Éditions Jupiter, 1982.

CONSOLI Sylvie G., « Le moi-peau », *Médecine/Sciences*, vol. 22, février 2006.

CORNEAU Guy, *Le Meilleur de soi*, Robert Laffont, 2007.

CHOPRA Deepak, *Comment connaître Dieu ?*, Éditions du Rocher, 2001.

CSIKSENTMIHÀLYI Mihály, *La Créativité – Psychologie de la découverte et de l'invention*, Robert Laffont, « Réponses », 2006.

DAMASIO Antonio, *Le Sentiment même de soi – Corps, émotions, conscience,* Odile Jacob Poche, 2002.

DOLTO Françoise, *La Cause des enfants*, Pocket, 2007.

ELIADE Mircea, *Mythes, rêves et mystères*, Gallimard, « Folio essais », 1957.

ELIADE Mircea, *Aspects du mythe*, Gallimard, « Folio essais », 1963.

EMMANUELLE sœur (avec Philippe ASSO), *Vivre, à quoi ça sert ? – Récit*, Flammarion, « J'ai lu », 2004.

ERSKINE Richard et MOURSUND Janet, *Reprendre contact avec l'enfant intérieur – Analyse transactionnelle et psychothérapie intégrative*, InterÉditions, 2001.

FABRE Nicole, « Quel enfant rêve en nous ? », *Études psychothérapiques – Imaginaire et inconscient*, n° 14, *L'Enfance rêvée*, Bruxelles, De Boeck Université, 1997.

FRANKL Viktor E., *Découvrir un sens à sa vie avec la logothérapie*, Montréal, Éditions de l'Homme, 2006.

FRANZ Marie-Louise von, *Les Mythes de Création – Processus créateurs et modèles de créativité*, La Fontaine de pierre, 2004.

FRANZ Marie-Louise von, *La Délivrance dans les contes de fées*, Éditions du Dauphin et Éditions Jacqueline Renard, 2004.

FREUD Sigmund, « Le Moi et le Ça », *Essais de psychanalyse*, Payot, 1981.

GABOURY Placide, *L'Émerveillement – La grande sagesse des petits*, Québec, Éditions Quebecor, 2005.

GAUCHER Guy, *Histoire d'une vie – Thérèse Martin*, Éditions du Cerf, 2008.

GIBRAN Khalil, *Le Jardin du prophète*, Mille et une nuits, 2000.

HAY Louise L., *Oui, je peux – Comment les affirmations peuvent changer votre vie*, Québec, Éditions AdA Inc., 2004.

Hitchcok-Truffaut – Édition définitive, Ramsay, 1983.

HUMBERT Elie G., *Jung*, Hachette Littératures, « Pluriel psychanalyse », 2004.

JODOROWSKY Alejandro, *La Danse de la réalité*, Albin Michel, « Espaces libres », 2002.

Jeu et créativité, Le Divan familial – Revue de thérapie familiale psychanalytique, n° 16, In Press Éditions, printemps 2006.

JUNG C.G., *Psychologie et Alchimie*, Buchet-Chastel, 1970.

JUNG C.G., *Les Racines de la conscience*, Buchet-Chastel, Paris, 1970.

JUNG C.G., *Dialectique du moi et de l'inconscient*, Gallimard, « Idées », 1973.

JUNG C.G., *Ma vie – Souvenirs, rêves et pensées*, recueillis par Aniela Jaffé, Gallimard, 1973.

JUNG C.G., *Correspondance 1906-1940*, t. I, Albin Michel, 1992.

JUNG C.G., *L'Homme à la découverte de son âme*, Payot, « Petite bibliothèque », 1996.

JUNG C.G., KERÉNYI C., *Introduction à l'essence de la mythologie – L'enfant divin, la jeune fille divine*, Payot et Rivages, « Petite bibliothèque », 2001.

JUNG Emma, FRANZ Marie-Louise von, *La Légende du Graal*, Albin Michel, 1988.

KELEN Jacqueline, *Divine blessure*, Albin Michel, 2005.

La Bible, Ancien et Nouveau Testament, traduction œcuménique de la Bible, Le Livre de Poche, 1996.

LABONTÉ Marie Lise, BORNEMISZA Nicolas, *Se guérir grâce à ses images intérieures*, Albin Michel, 2006.

L'Enfance rêvée, Études psychothérapiques – Imaginaire et inconscient, n° 14, Bruxelles, De Boeck Université, 1997.

LOTSTRA Françoise, « Le cerveau émotionnel ou la neuroanatomie des émotions », *Autour de l'émotion, Cahiers critiques de thérapie familiale et de pratiques de réseaux*, n° 29, Bruxelles, De Boeck Université, 2002.

MASLOW Abraham, *L'Accomplissement de soi – De la motivation à la plénitude*, Eyrolles, 2004.

MASLOW Abraham, *Être humain*, Eyrolles, 2006.

MASLOW Abraham, *Devenir le meilleur de soi-même*, Eyrolles, 2008.

MILLER Alice, *C'est pour ton bien – Racines de la violence dans l'éducation de l'enfant*, Aubier, 1984.

MILLER Alice, *La Connaissance interdite – Affronter les blessures de l'enfance dans la thérapie*, Aubier, 1990.

MILLER Alice, *L'Avenir du drame de l'enfant doué*, PUF, « Le Fil rouge », 1996.

MILLER Alice, *Notre corps ne ment jamais*, Flammarion, 2005.

MILLER Alice, *Ta vie sauvée enfin*, Flammarion, 2008.

NABATI Moussa, *Guérir son enfant intérieur*, Fayard, 2008.

OTTE Jean-Pierre, *Les Aubes sauvages – Les mythes de la création du cercle polaire à l'Océanie*, Seghers, 1994.

PALHEN Kyra, *Bouddha – Le roman de sa vie*, Pocket, NiL, 1996.

PASCOE Lee, *Faites comme si ! – Toutes les clefs pour devenir acteur de votre vie et ne plus la subir*, Le Courrier du livre, « Horizon thérapie », 2004.

PERRAULT Charles, *Contes*, Garnier Frères, 1967.

PINK Daniel, *L'Homme aux deux cerveaux – Apprendre à penser différemment dans un monde nouveau*, Robert Laffont, « Réponses », 2007.

PINKOLA ESTÈS, Clarissa, *Femmes qui courent avec les loups – Histoires et mythes de l'archétype de la Femme sauvage*, Grasset, 1996.

PRELJOCAJ Catherine, *Le bonheur pour une orange… n'est pas d'être un abricot*, Jouvence, « Poches », 2007.

RAHULA Walpola, *L'Enseignement du Bouddha d'après les textes les plus anciens*, Le Seuil, « Points sagesse » 1961.

ROSFELTER Pascale, *L'Ours et le Loup – Mondes imaginaires, cauchemars et jeux d'enfants*, Calmann-Lévy, 1997.

RUBEN Douglas H., *Le Sentiment de culpabilité – Dix étapes pour s'en libérer*, Dangles, « Psycho-soma », 1996.

SABLÉ Erik, *Petit manuel d'émerveillement*, Dervy, « Chemins de sagesse », 2004.

SAINT-EXUPÉRY, Antoine de, *Le Petit Prince*, Gallimard, « Folio », 1999.

TENENBAUM Sylvie, *Pardonner – Tyrannie ou libération ?*, InterÉditions et Dunod, 2008.

VORAGINE Jacques de, *La Légende dorée*, Gallimard, « Bibliothèque de la Pléiade », 2004.

WALTER Philippe, *Merlin ou le savoir du monde*, Imago, 2000.

WINNICOTT Donald W., *Jeu et réalité*, Gallimard, « Folio essais », 1975.

WULLSCHLÄGER Jackie, *Enfances rêvées – Alice, Peter Pan… Nos nostalgies et nos tabous*, Autrement, « Mutations », 1997.

Remerciements

Quelle joie et quel émerveillement de constater que la vie place sur notre chemin des êtres qui contribuent, chacun à leur manière, à l'expression de nos cœurs d'enfant.

Toute notre amitié et notre reconnaissance vont à Catherine Maillard, notre agent et amie qui éclaire nos pas de ses précieux conseils. Mille mercis Catherine d'être à nos côtés.

Nous remercions très chaleureusement Laure Paoli, Caroline Pajany et toute l'équipe d'Albin Michel pour leur confiance, leur engagement et leur travail.

Un grand merci à notre amie Maryvonne Bosi qui nous a incités à créer un cycle de stages au pays de Brocéliande dans sa magnifique et accueillante maison d'hôtes, les Camélias, et qui nous accueille avec tant de soin.

Merci à Florence Desmet, la fée qui ravit notre âme lors des balades guidées dans la forêt magique de Merlin l'enchanteur.

Enfin, nous remercions toutes les personnes qui, en partageant leur vécu, nous ont éclairés davantage sur la nature de l'enfant intérieur et sur la dimension cocréatrice de l'être humain.

Table

2. LES POISONS DE L'ÂME

3. LES CARAPACES ILLUSOIRES

4. LE MOI CRÉATIF

5. LA QUÊTE DU COCRÉATEUR

Pour obtenir des informations au sujet des conférences, formations, stages et ateliers Cœur d'enfant®, vous pouvez consulter le site internet :

www.cœurdenfant.fr

Pour contacter les auteurs ou recevoir une brochure, veuillez vous adresser à :

Méthode Cœur d'enfant
16, rue Grognard
94120 Fontenay-sous-Bois
Mail : mfdecoquereaumont@yahoo.fr
Tél. 01 48 77 04 64

Suivi éditorial : Caroline Pajany

Composition : IGS
Impression : Imprimerie Floch, mars 2009
Éditions Albin Michel
22, rue Huyghens, 75014 Paris
www.albin-michel.fr
ISBN 978-2-226-18758-1
N° d'édition : 25767 – N° d'impression : 73513
Dépôt légal : avril 2009
Imprimé en France